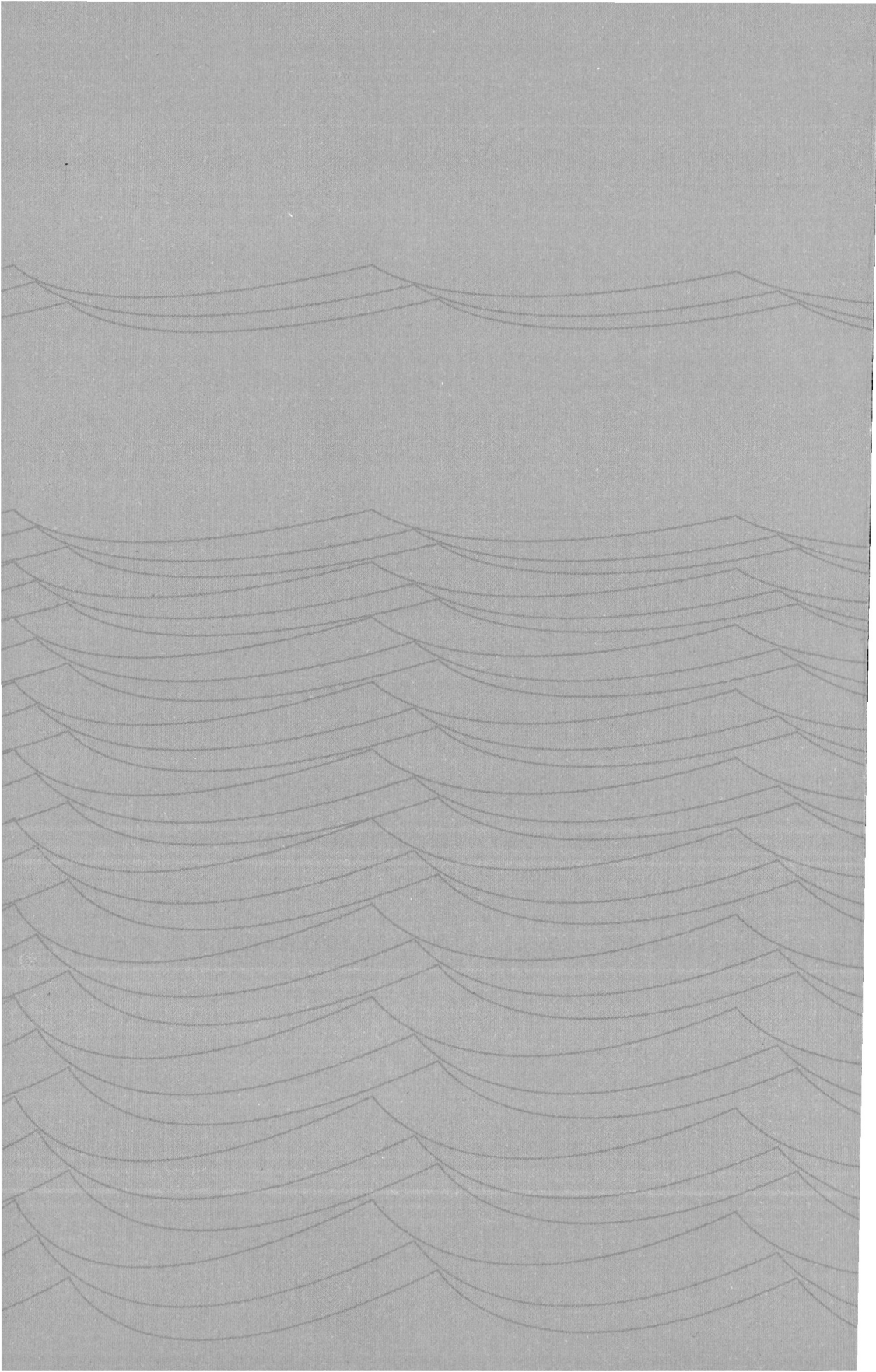

杭州优秀传统文化丛书
Hangzhou Youxiu Chuantong Wenhua Congshu

抗疫赈灾 共济时

陈正洪　李生坤——著

杭州出版社

图书在版编目（CIP）数据

抗疫赈灾共济时 / 陈正洪，李生坤著 . -- 杭州：杭州出版社，2022.8
（杭州优秀传统文化丛书）
ISBN 978-7-5565-1866-1

Ⅰ.①抗… Ⅱ.①陈…②李… Ⅲ.①救灾—历史—研究—杭州—古代 Ⅳ.① D691

中国版本图书馆 CIP 数据核字（2022）第 143797 号

Kangyi Zhenzai Gong Ji Shi

抗疫赈灾共济时

陈正洪　李生坤　著

责任编辑	朱金文
装帧设计	章雨洁
美术编辑	祁睿一
责任校对	陈铭杰
责任印务	姚　霖
出版发行	杭州出版社（杭州市西湖文化广场32号6楼）
	电话：0571-87997719　邮编：310014
	网址：www.hzcbs.com
排　　版	浙江时代出版服务有限公司
印　　刷	天津画中画印刷有限公司
经　　销	新华书店
开　　本	710 mm×1000 mm　1/16
印　　张	13.25
字　　数	163千
版 印 次	2023年1月第1版　2023年1月第1次印刷
书　　号	ISBN 978-7-5565-1866-1
定　　价	58.00元

（版权所有　侵权必究）

序 言

文化是城市最高和最终的价值

我们所居住的城市，不仅是人类文明的成果，也是人们日常生活的家园。各个时期的文化遗产像一部部史书，记录着城市的沧桑岁月。唯有保留下这些具有特殊意义的文化遗产，才能使我们今后的文化创造具有不间断的基础支撑，也才能使我们今天和未来的生活更美好。

对于中华文明的认知，我们还处在一个不断提升认识的过程中。

过去，人们把中华文化理解成"黄河文化""黄土地文化"。随着考古新发现和学界对中华文明起源研究的深入，人们发现，除了黄河文化之外，长江文化也是中华文化的重要源头。杭州是中国七大古都之一，也是七大古都中最南方的历史文化名城。杭州历时四年，出版一套"杭州优秀传统文化丛书"，挖掘和传播位于长江流域、中国最南方的古都文化经典，这是弘扬中华优秀传统文化的善举。通过图书这一载体，人们能够静静地品味古代流传下来的丰富文化，完善自己对山水、遗迹、书画、辞章、工艺、风俗、名人等文化类型的认知。读过相关的书后，再走进博物馆或观赏文化景观，看到的历史遗存，将是另一番面貌。

过去一直有人在质疑,中国只有三千年文明,何谈五千年文明史?事实上,我们的考古学家和历史学者一直在努力,不断发掘的有如满天星斗般的考古成果,实证了五千年文明。从东北的辽河流域到黄河、长江流域,特别是杭州良渚古城遗址以距今5300—4300年的历史,以夯土高台、合围城墙以及规模宏大的水利工程等史前遗迹的发现,系统实证了古国的概念和文明的诞生,使世人确信:这里是古代国家的起源,是重要的文明发祥地。我以前从来不发微博,发的第一篇微博,就是关于良渚古城遗址的内容,喜获很高的关注度。

我一直关注各地对文化遗产的保护情况。第一次去良渚遗址时,当时正在开展考古遗址保护规划的制订,遇到的最大难题是遗址区域内有很多乡镇企业和临时建筑,环境保护问题十分突出。后来再去良渚遗址,让我感到一次次震撼:那些"压"在遗址上面的单位和建筑物相继被迁移和清理,良渚遗址成为一座国家级考古遗址公园,成为让参观者流连忘返的地方,把深埋在地下的考古遗址用生动形象的"语言"展示出来,成为让普通观众能够看懂、让青少年学生也能喜欢上的中华文明圣地。当年杭州提出西湖申报世界文化遗产时,我认为这是一项需要付出极大努力才能完成的任务。西湖位于蓬勃发展的大城市核心区域,西湖的特色是"三面云山一面城",三面云山内不能出现任何侵害西湖文化景观的新建筑,做得到吗?十年申遗路,杭州市付出了极大的努力,今天无论是漫步苏堤、白堤,还是荡舟西湖里,都看不到任何一座不和谐的建筑,杭州做到了,西湖成功了。伴随着西湖申报世界文化遗产,杭州城市发展也坚定不移地从"西湖时代"迈向了"钱塘江时代",气势磅礴地建起了杭州新城。

从文化景观到历史街区，从文物古迹到地方民居，众多文化遗产都是形成一座城市记忆的历史物证，也是一座城市文化价值的体现。杭州为了把地方传统文化这个大概念，变成一个社会民众易于掌握的清晰认识，将这套丛书概括为城史文化、山水文化、遗迹文化、辞章文化、艺术文化、工艺文化、风俗文化、起居文化、名人文化和思想文化十个系列。尽管这种概括还有可以探讨的地方，但也可以看作是一种务实之举，使市民百姓对地域文化的理解，有一个清晰完整、好读好记的载体。

传统文化和文化传统不是一个概念。传统文化背后蕴含的那些精神价值，才是文化传统。文化传统需要经过学者的研究提炼，将具有传承意义的传统文化提炼成文化传统。杭州与丛书作者在创作方面作了种种古为今用、古今观照的探讨交流，还专门增加了"思想文化系列"，从杭州古代的商业理念、中医思想、教育观念、科技精神等方面，集中挖掘提炼产生于杭州古城历史中灵魂性的文化精粹。这样的安排，是对传统文化内容把握和传播方式的理性思考。

继承传统文化，有一个继承什么和怎样继承的问题。传统文化是百年乃至千年以前的历史遗存，这些遗存的价值，有的已经被现代社会抛弃，也有的需要在新的历史条件下适当转化，唯有把传统文化中这些永恒的基本价值继承下来，才能构成当代社会的文化基石和精神营养。这套丛书定位在"优秀传统文化"上，显然是注意到了这个问题的重要性。在尊重作者写作风格、梳理和讲好"杭州故事"的同时，通过系列专家组、文艺评论组、综合评审组和编辑部、编委会多层面研读，和作者虚心交流，努力去粗取精，古为今用，这种对文化建设工作的敬畏和温情，值得推崇。

人民群众才是传统文化的真正主人。百年以来，中华传统文化受到过几次大的冲击。弘扬优秀传统文化，需要文化人士投身其中，但唯有让大众乐于接受传统文化，文化人士的所有努力才有最终价值。有人说我爱讲"段子"，其实我是在讲故事，希望用生动的语言争取听众。今天我们更重要的使命，是把历史文化前世今生的故事讲给大家听，告诉人们古代文化与现实生活的关系。这套丛书为了达到"轻阅读、易传播"的效果，一改以文史专家为主作为写作团队的习惯做法，邀请省内外作家担任主创团队，组织文史专家、文艺评论家协助把关建言，用历史故事带出传统文化，以细腻的对话和情节蕴含文化传统，辅以音视频等其他传播方式，不失为让传统文化走进千家万户的有益尝试。

中华文化是建立于不同区域文化特质基础之上的。作为中国的文化古都，杭州文化传统中有很多中华文化的典型特征，例如，中国人的自然观主张"天人合一"，相信"人与天地万物为一体"。在古代杭州老百姓的认知里，由于生活在自然天成的山水美景中，由于风调雨顺带来了富庶江南，勤于劳作又使杭州人得以"有闲"，人们较早对自然生态有了独特的敬畏和珍爱的态度。他们爱惜自然之力，善于农作物轮作，注意让生产资料休养生息；珍惜生态之力，精于探索自然天成的生活方式，在烹饪、茶饮、中医、养生等方面做到了天人相通；怜惜劳作之力，长于边劳动，边休闲娱乐和进行民俗、艺术创作，做到生产和生活的和谐统一。如果说"天人合一"是古代思想家们的哲学信仰，那么"亲近山水，讲求品赏"，应该是古代杭州人的生动实践，并成为影响后世的生活理念。

再如，中华文化的另一个特点是不远征、不排外，这体现了它的包容性。儒学对佛学的包容态度也说明了这一点，对来自远方的思想能够宽容接纳。在我们国家的东西南北甚至是偏远地区，老百姓的好客和包容也司空见惯，对异风异俗有一种欣赏的态度。杭州自古以来气候温润、山水秀美的自然条件，以及交通便利、商贾云集的经济优势，使其成为一个人口流动频繁的城市。历史上经历的"永嘉之乱，衣冠南渡"，"安史之乱，流民南移"，特别是"靖康之变，宋廷南迁"，这三次北方人口大迁移，使杭州人对外来文化的包容度较高。自古以来，吴越文化、南宋文化和北方移民文化的浸润，特别是唐宋以后各地商人、各大商帮在杭州的聚集和活动，给杭州商业文化的发展提供了丰富营养，使杭州人既留恋杭州的好山好水，又能用一种相对超脱的眼光，关注和包容家乡之外的社会万象。这种古都文化，也代表了中华文化的包容性特征。

城市文化保护与城市对外开放并不矛盾，反而相辅相成。古今中外的城市，凡是能够吸引人们关注的，都得益于与其他文化的碰撞和交流。现代城市要在对外交往的发展中，进行长期和持久的文化再造，并在再造中创造新的文化。杭州这套丛书，在尽数杭州各色传统文化经典时，有心安排了"古代杭州与国内城市的交往""古代杭州和国外城市的交往"两个选题，一个自古开放的城市形象，就在其中。

"杭州优秀传统文化丛书"团队在传统和现代的结合上，想了很多办法，做了很多努力。传统文化丛书要得到广大读者接受，不是件简单的事。我们已经走在现代化的路上，传统和现代的融合，不容易做好，需要扎扎实实地做，也需要非凡的创造力。因为，文化是城市功能的最高价值，也是城市功能的最终价值。从"功能城市"走向"文化城市"，就是这种质的飞跃的核心理念与终极目标。

2020年9月

（单霁翔，中国文物学会会长）

千里江山图（局部）

目　录

第一章
历代君王治潮灾

002　壮观钱塘　古代有灾
007　筑塘射箭　遏制潮头
011　钱俶建塔　意在镇潮
014　历经千年　终治潮灾

第二章
劲风冰雪　灾动杭州

022　为民祈福赈风灾
029　西湖坚冰　坚硬如铁

第三章
体察民情防旱涝

034　陆游公心赈洪灾
040　察访民情防"霉雨"
045　疏井劝农抗旱灾

第四章
低温冻害加雹灾

058　低温伤蚕麦　蔡襄出对策

063　建太庙遇雹灾

065　径山不胜寒　白云入茶盏

第五章
保国征战伴蝗灾

070　北伐中的蝗灾

074　食蝗和捕蝗

079　起身蝗灾　殉国杭州

第六章
疫灾中的人文关怀

084　防疫创立临时病坊

092　祸不单行出疫情

100　外治环境　内有良方

第七章
地震杭州　士子浮沉

- 106　地震下诏　上书赈灾
- 115　地震杭州　周密辩道
- 120　咸丰五年　富阳抗震

第八章
防止火灾　制度渐善

- 126　钱王世家　重视救火
- 132　南宋都城　屡发火灾
- 142　防火策略的改善
- 149　明清治火能力提升

第九章
杭州赈灾　善心为本

- 158　"荒政三策"　抵御灾荒
- 168　社仓之法　赈灾临安
- 173　兴修水利　赈灾长计
- 179　杭州富商　赈灾义举

- 189　参考文献

第一章 历代君王治潮灾

梁开平四年（910）八月，钱武肃王始筑塘……潮水昼夜冲激，版筑不就。
——《西湖游览志》

八月，始筑捍海塘。王因江涛冲激，命强弩以射涛头，遂定其基……而江涛昼夜冲激，沙岸板筑不能就。王命强弩五百，以射涛头，既而潮头遂趋西陵。王乃命运巨石，盛以竹笼，植巨材捍之，城基始定。其重濠累堑，通衢广陌，亦由是而成焉。
——《吴越备史》卷二《武肃王下》

壮观钱塘　古代有灾

钱塘江潮信，自古以来就影响着杭州。一方面江潮吞天沃日之伟观吸引着古今八方宾客，另一方面洪流激荡奔驶入城又给古代杭州带来巨大灾害。人间天堂在古代也有烦恼。

后梁开平四年（910）十月二十二日这天，吴越王钱镠亲巡衣锦军（今临安区），想起大概十年前巡视此地时大会故老宾客，山林树木皆覆以锦幄的情景，历历在目，不禁由感而发，即兴唱起《还乡歌》（一作巡衣锦军制还乡歌）：

三节还乡兮挂锦衣，碧天朗朗兮爱日晖。
功成道上兮列旌旗，父老远来兮相追随。
家山乡眷兮会时稀，今朝设宴兮觥散飞。
斗牛无孛兮民无欺，吴越一王兮驷马归。

钱镠，唐大中六年（852）生于杭州临安县（今临安区），自幼习武，擅长射箭，成年后以贩卖私盐为生，后来应募参加老乡董昌的军队，随其南征北战，屡建奇功。景福二年（893），钱镠受封镇海军节度使。乾宁三年（896），他兼领镇东军节度使。由此，钱镠掌控了两浙地区，日渐形成割据势力。朱温称帝，建立后梁，后梁开平元年（907），钱镠受封为吴越王。五代十国时期，钱镠建吴越国，历经三世五王，先后向后梁、后唐、后周和北宋等中原王朝称臣，接受其册封，因而称钱镠为王，吴越国官史亦谦称为"吴越备史"。

"家山乡眷兮会时稀，今朝设宴兮觥散飞……"唱着唱着，众将士深受感染，也跟着哼起来。在威武雄壮的歌声中，钱镠仿佛看到了自己南北征战，戎马倥偬的大半生：平王郢、击黄巢、据两浙、卫吴越……他又想起两三月前钱塘江潮冲毁海塘，咆哮入城的惨状，杭州城内水深齐肩，房屋成片倒塌，百姓死伤无数。

那天正值八月十五日，天空月明星稀。他带领群臣来到钱塘江边视察情况。只见江远处先呈现出一个细小的白点，转眼间变成了一缕银线，并伴随着一阵阵闷雷般的潮声。白线翻滚而至，瞬间汹涌澎湃，潮水呼啸而来，潮峰达两三人高，后浪赶前浪，一层叠一层，宛如一条长长的白色带子飞驰而来，潮头推拥，涛声如雷，势如万马奔腾。

为使读者能形象地理解钱塘潮，这里做些简要说明。钱塘潮信是发生在钱塘江流域的一种潮汐现象：由于天体引力和地球自转的离心作用，结合杭州湾尤为特殊的喇叭口地形所形成的特大涌潮。每年农历八月十六至十八日，太阳、月球、地球多位于一条直线上，所以这几天海水受到的引潮力最大。据测算，涌潮的推力每平方米压力可达4—7吨，这种排山倒海的力量能以摧枯拉朽之势力击溃古代泥土筑就的堤坝，致使潮水横溢，淹没滩涂。

历史上，中国曾有青州、广陵和钱塘三大潮涌。青

抗疫赈灾共济时

HANGZHOU

袁江《观潮图》

州潮涌源自渤海的涨潮，后因地形变化，盛况难现，逐渐消失。两汉以后，长江潮水逆溯至广陵（今江苏扬州）时，河道曲折，且有江心沙洲阻挡，故而潮水声势浩大，然而到了唐朝大历年间（766—779），广陵附近河道渐渐淤塞，广陵潮难以再现。唯有钱塘江潮由于杭州湾特殊的地形变化成为特大涌潮，位居世界三大潮信之首。

杭州湾是钱塘江的入海口，随着海平面逐渐下降，钱塘江北岸缓慢延伸的沙嘴与长江南岸堆积的沙嘴相连接，钱塘江南岸则出现海沙堆积和江沙下沉的双重现象，因此杭州湾变得外宽内窄，状似喇叭。杭州湾口最宽处约100公里，到海宁附近的海湾进一步收窄至3公里，进入杭州后，河道宽度仅有1公里。东海潮波进入湾口后，水面急剧收缩，产生"狭管效应"，流速增大，潮差加剧，大量的泥沙逆流在杭州湾沉积。潮起潮落，年复一年，一道从乍浦到闻家堰130公里长的沙坎逐渐形成，潮波自此受阻变形，发展成为威力超常的涌潮。此外，沿海一带盛行东南风，风向与潮水方向大体一致，助长了潮势。倘若再遇台风，潮信更是汹涌澎湃，呼啸而来。

钱塘江潮给人们带来骇浪洪涛之奇观的同时，也严重威胁着甚至破坏了古代杭州人的安居乐业。

有文字记载的钱塘江第一次大潮灾，发生在秦始皇三十七年（前210）。是年十一月，秦始皇欲到会稽山祭奠大禹，正逢钱塘江大潮。海潮桀骜不驯，溃漫四溢，灾祸惨烈，触目惊心，力挫群雄的秦皇在潮灾面前也无能为力，无奈之下只得向西绕道一百二十里再渡江登临会稽山。

钱镠记忆中最深刻的潮灾发生在他8岁那年，即唐懿宗咸通元年（860），钱塘江潮冲毁江岸，奔腾入城，百姓死伤惨重。断垣残壁、饿殍遍野的惨状，钱镠至今历历在目。

钱塘江边阻挡潮信的堤坝，最早修筑于东汉时期，当地人称之为"海塘"，潮信自海而来，防御海潮即防御海上威胁，因此得名。但海塘已年久失修，无法抵挡潮水入城，钱镠以为，如今战乱渐止，国力日渐强盛，是时候疏浚内湖、修筑海塘，好让百姓安身立命，丰衣足食。

筑塘射箭　遏制潮头

关于钱塘潮信的传说由来已久，其中最多的是龙王作怪弄潮和伍子胥蒙冤兴潮。

伍子胥是春秋末期吴国大夫，他先献计吴王阖闾破楚国，后辅佐吴王夫差败越国，成就吴国霸业。但是由于越国计谋和佞臣进谗，伍子胥被诬谋逆，遭吴王夫差赐死，沉尸钱塘。钱塘江水仿佛即刻陡长，涛声如雷，人们隐约看到伍子胥素车白马站立潮头向夫差扑来。夫差受惊逃回宫后久病不愈，越国"美女卧底"西施乘机以消灾解怨为由，劝说夫差封伍子胥为潮神，建造潮神庙。但伍子胥并不领情，仍是一日两潮，八月最为激烈。

有别于传说，东汉著名思想家王充认为，潮信生自海上，因遇到狭小的江口阻拦，才引发大潮。在辩说伍子胥蒙冤兴潮故事时，王充认为吴王杀伍子胥投之于江是实，但说后者因恨驱水为涛是虚，他在《论衡·书虚篇》中写道："其发海中之时，漾驰而已；入三江之中，殆小浅狭，水激沸起，故腾为涛。""夫言吴王杀子胥投之于江，实也；言其恨恚驱水为涛者，虚也。"

钱镠很是认同王充的观点。尽管众人都认为有潮神作怪,但戎马半生的钱镠并不尽信鬼神。他决定亲自去会一会这个潮神。

于是,钱镠撰写《筑海疏》,上奏中原朝廷,陈述修筑钱塘江海塘的充分必要性。随后,钱镠调集十万兵民,开始了史无前例的伟大工程。

说起镇海防潮,不能不提最初修筑海塘的人——东汉的华信。那时,钱塘县以东是一片浩瀚大海,海潮倒灌农田使之难以耕种,会稽郡郡议曹华信建议立塘,史有记载:"募有能致一斛土石者,即与钱一千。旬日之间,来者云集。塘未成而不复取,于是载土石者皆弃而去。塘以之成,故改名钱塘焉。"

此后,修筑海塘成为防治潮灾的最重要手段。继华信之后,钱塘江南北两岸逐渐修筑起海塘,但这些都是用泥土筑建,经不起潮信的撞击和冲刷。钱镠总结经验,改用石头筑建。

很多人以为钱塘江潮信一年只有一次。其实,潮信每天经历两次涨落,每月有初一和十五两次大潮,每年在春分、秋分前后潮信最大,尤以秋潮为最。受潮起潮落的影响,刚刚堆起的石头,涌潮一来便冲塌殆尽,因此,石塘修筑非常困难。

钱镠在八月十八,传说中潮神生日这一天,挑选了五百名弓箭手聚集在江边。他先是去胥山祠祷告一番,并写了两句偈语:为报潮神并水府,钱塘且借与钱城。随后他将偈语掷入江中后,只见潮信飞快而凶猛地涌过来。钱镠大吼一声,下令放箭,弓箭手们乱箭齐发,直射潮头。

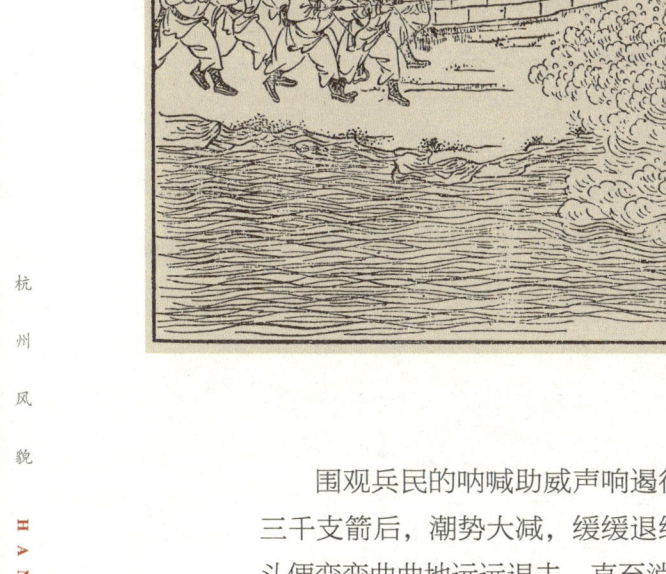

钱王射潮

围观兵民的呐喊助威声响遏行云，盖过潮声。射出三千支箭后，潮势大减，缓缓退缩，钱镠下令追射，潮头便弯弯曲曲地远远退去，直至消失得无影无踪。

钱王射退潮神之后，命令兵卒民夫砍伐毛竹，将毛竹编织成数十丈长的竹笼，中间用巨石填实，层层垒起，塘里塘外用粗木桩钉住，塘内填土夯实。就这样，10万兵民利用潮信间隙，争分夺秒，日夜奋战，终于建成了一条长达200多里的竹笼石塘。这个方法非常科学，今天的人们在修筑一些堤坝时，还用到这种方法。

坚固的石塘不仅保护了江边农田不再受潮水侵蚀，也使得江边农田获得充足水源。后来，钱镠还修建闸口，阻止江潮入河，防止海潮倒灌；还设立撩水军，负责修筑堤坝、疏浚河湖。

在他的治理下，钱塘湖（西湖）不仅能够用于农田灌溉，也能够泛舟其上观赏景物；而且太湖也因撩水军的常驻管理，使苏州、嘉兴等地都能享受到灌溉之利。

为了纪念钱镠的功绩，浙江百姓尊称钱镠为"海龙王"，人们把竹笼石塘称为"钱氏捍海塘"。钱氏捍海塘建成后，不仅扩展了杭州城的范围，也保护了钱塘江北岸老百姓的生命财产安全。

老百姓消除了严重水患后，积极开荒辟田，广种桑麻。吴越国内宁静祥和，欣欣向荣。

钱俶建塔　意在镇潮

钱俶（929—988），钱镠的孙子，是吴越国三世五王的最后一个王，原名钱弘俶，归宋后因规避宋太祖之父赵弘殷的名讳，改名钱俶，曾被封为淮海国王，后改为南汉国王，988年封邓王。

后晋开运四年（947），钱俶继承吴越国王位。这位国王不仅继承了家族留下的繁荣，更继承了祖先传下的遗命。在位30多年间，贡奉中原王朝，终"纳土归宋"；对开垦荒废田亩的人免除税赋，设置营田卒数千人开垦荒地。久而久之，吴越境内"休兵息民"，地无荒弃，粮食丰稔。

钱俶毕生崇信佛教，稍有闲暇，便拈香拜佛，批经阅典，造经幢、刻佛经、建寺院、修宝塔，礼遇高僧。吴越国一时成了名副其实的"东南佛国"。

北宋开宝三年（970），钱俶听从延寿等禅师建议，在钱家的南果园兴建一座九层高塔，以镇钱塘江潮，并以佛教的六种规约取名六和塔，又名六合塔。

遥想当年，凭借着吴越国雄厚的财力和钱俶的虔诚，

抗疫赈灾共济时

HANG ZHOU

〔明〕宋懋晋《六和塔》

六和塔很可能庄严雄伟、拔地参天，有着那个时代相当高的建筑水平。

北宋宣和三年（1121），六和塔因兵火被毁。南宋绍兴二十二年（1152）重修，改九层塔为七层塔，十年后竣工。之后又有多次规模不等的修缮，其中清雍正十三年（1735）的重修规模为最大。六和塔内，各色题材的砖雕制作非常精良，历代文人吟诵六和塔乐此不疲，乾隆皇帝也曾在每层题字留诗。

钱俶建造六和塔的本意是镇潮，但六和塔建造之后，钱塘江涛声依旧，潮灾未断。据《淳祐临安志》记载，北宋大中祥符五年（1012），"海潮大溢，冲激州城"；南宋嘉定十五年（1222）和嘉熙三年（1239），"海潮大溢，水失故道，沙若崩而陷，岸若附而溃"。据考证，从北宋大中祥符五年到清末的几十次大潮灾中，其中有五次对杭州城造成毁灭性破坏。

惨痛的教训让历代统治者和地方官吏意识到，仅仅建庙修塔是不够的，必须要修建更加牢固的海塘。

历经千年 终治潮灾

竹笼海塘比土塘更经得起潮水冲刷,防潮涌性能也比土塘好几倍,但竹笼海塘的竹木容易腐烂,需要经常维修,而且散装石块缺乏整体性能,遭遇大潮难以抵御。继钱镠之后,历朝历代都有一些官员沿着这个思路,力图在筑塘方面有所创新,有所作为。

北宋大中祥符三年(1010),戚纶出任杭州知州。经历过大中祥符五年(1012)的那场大潮信后,潮信威力之巨大、潮灾损失之惨重让他刻骨铭心。此间,对防洪排涝颇有研究的陈尧佐出任两浙转运使,他在仔细调研后,提出了在当时比较创新的"下薪实土法",也就是人们俗称的"柴塘"。

柴塘就是用新鲜竹条、树枝、条柴和土作材料,一层土、一层柴,并钉上木桩,层层加高,层层夯实。用这种办法修筑的海塘具有整体性和柔韧性,能够分水之力,杀水之势,气势汹汹的潮水可被柴塘以柔克刚。但是,柴塘明显缺点是柴料易腐不耐用。

20多年后,新一任的转运使张夏和杭州知州俞献卿,决定改用石料建筑直立式石塘。景祐四年(1037),张、俞二人发动民众修筑直立式石堤，成功地抵御了多次大潮冲击。老百姓在堤上为张夏立祠，以表感激之情。

庆历四年（1044），在范仲淹"庆历新政"中上任的杭州知州杨偕、转运使田瑜，更是想在治潮方面大有作为。他们二人在前任们筑塘的经验上，进一步创建直立层叠式石塘。

与直立式石塘不同的是，迎潮面的砌石逐层内收，形成底宽顶窄的塘型，塘脚以竹笼装石保护，防止涌潮冲刷损坏塘基；背海的一面再衬筑土堤，用以加固石塘和防止咸潮渗漏。这次创新，是钱塘江海塘建筑技术的一次关键性改进。

南宋嘉定十五年（1222），刘垕出任浙西提举。提举是宋后期主管专门事务的官职，推测他可能是专门管理海塘建设的官员。刘垕在石塘内侧不远处再挖一条河道，名叫备塘河，又用挖出的土在河的内侧又筑一条土塘，叫土备塘。刘垕创立的这种备塘河与土备塘，平时可使农田与咸潮隔开，防止土地盐碱化。潮灾时，一旦外面的石塘被潮冲坏，备塘河可以消纳潮水，并使之排回海中，而土备塘便成为防潮的第二道防线，可以拦截已成强弩之末的海潮。刘垕又一次创新了海塘建筑技术。

元朝虽然在石塘修建上也有一些作为，但在海塘建设上未有重大建树。明朝时，海塘修建技术继续不断创新，如：成化十三年（1477）修筑了石砌斜坡塘；弘治元年（1488）改竖石斜砌为眠砌；弘治十二年（1499）又在此基础上将石料琢凿平整、纵横交错、下阔上窄，为后来的鱼鳞石塘奠定了基础。

嘉靖二十一年（1542），黄光升出任浙江水利佥事。

水利佥事在明朝是负责疏浚海道、审度地利的专员。黄光升总结以往的经验教训，为避免"塘根浮浅""外疏中空"的缺陷，他将条石纵横交错排列，五纵五横，底宽顶窄，石塘背后加培土塘，侧看状如鱼鳞，因而称为鱼鳞石塘。这种鱼鳞石塘整体性能最好，是钱塘江海塘修筑史上一次革命性变革。

清朝在修筑海塘技术上仍然沿袭黄光升的鱼鳞石塘，但在修筑强度和长度上更上一层。特别是雍正和乾隆年间，朝廷投入了大量人力、物力和财力，雍正还拨巨款修建海神庙，做到了塘也修、神也敬，增加了海塘的文化内涵。

朱轼，清朝中期名臣、著名史学家，曾为乾隆帝师。他曾先后担任浙江巡抚、吏部尚书等高官。这位朱轼说来有趣，他与大文豪苏轼不仅名相同，表字与经历也有很多相似的地方：苏轼字子瞻，他取字若瞻；苏轼当年任职杭州时修筑了著名的苏堤，他任职浙江期间则首创"水柜法"修筑海塘。

康熙五十九年（1720），朱轼在海宁老盐仓修建新式鱼鳞石塘，创筑以木柜贮碎石为塘基的大石塘，并在塘脚迎水面修建高达塘身之半的坦水，以防浪涌冲刷。为保海塘永固，朝廷采纳了他设置专员负责每年岁修的建议，在杭州、嘉兴和绍兴等三府各设海防同知一员。

雍正二年（1724）七月，钱塘江风潮大作，海宁境内的土塘、柴塘全都出现决口，只有老盐仓朱轼筑建的新式鱼鳞石塘巍然独存。此前由于朱轼的这种新式鱼鳞石塘造价高昂，未能推广，但经过这次大潮考验后，它被公认为海塘工程的"样塘"。从雍正五年（1727）开始，水利专家俞兆岳又用铁锭榫加固塘身，使石塘更为坚固。

雍正七年（1729），钱塘江秋潮来临，守卫海塘的官民万众一心，众志成城，誓与海塘共存亡，忽然间风停潮退。雍正认为是海神保佑，是自己的许愿奏效，于是在海宁建了一座金碧辉煌的海神庙。当然，雍正也没有把希望完全寄托于海神，就在他批准兴建海神庙两个月之后，又按黄河河防军队体制，在钱塘江设塘兵200名及千总、把总等职位，分驻钱塘江东西两塘，负责常年修防。

从此，钱塘江海塘有了专门的管理机构。雍正还多次派遣朝内重臣和地方总督、巡抚等赶赴海宁督办塘工，抢修固塘。两年后，为了进一步加强对钱塘江海塘的领导和管理，雍正还任命浙江总督总管钱塘江海塘事务。雍正朝13年，共修筑海塘18次，由此开创了浙西海塘的岁修制度。

乾隆皇帝青出于蓝而胜于蓝，把修建海塘推到了历史新高度。他六下江南，六次站在钱塘岸边。乾隆二十七年（1762），浙江巡抚奏报钱塘江土备塘告急，危及大片土地和数万户百姓的生命安全。乾隆听了十分不安，立即决定第三次下江南，马不停蹄直奔钱塘江。他巡视土备塘，瞻拜海神庙，命令浙江巡抚每月写出专题报告并附绘图，将海塘淤沙增长尺寸和海塘工程进展情况等内容报送朝廷。这种报告制度一直坚持到清末。

三年后，钱塘江严重淤塞，江道北移，危及海宁城南的大片土地。乾隆召集大臣商议对策，大臣们意见纷纷，莫衷一是，乾隆决定四下江南。这一次，乾隆来到钱塘江，步行巡视海塘，为了寻找解决淤沙的办法，他还深入民间征询意见。乾隆四十五年（1780），海宁石塘全线吃紧，乾隆皇帝决定第五次巡视钱塘江。他来到尖山口，亲自勘察了那里的海塘设施，预估了塔山涌潮对海宁塘的威胁程度,下旨在老盐仓上下游继续修建鱼鳞石塘。几年后老盐仓鱼鳞海塘竣工,乾隆皇帝第六次下江南,亲往验收。这一次,乾隆看到规模宏伟、结构加固、体系完整的钱塘江海塘,颇觉满意,便要求把新建石塘与原有柴塘的沟槽用土填平,再栽上一排排柳树,这样既可防止水土流失,又可绿化海塘。

可以看出,清朝中央朝廷和各级官员对修筑海塘都颇为用心。朝廷不仅花费重金修建海塘,还有常设机构,负责钱塘江海塘的日常养护管理,规定浙江巡抚每月巡察海塘一次,并向朝廷奏报巡视结果。

当遇有重大工程和重大险情时,朝廷则会派高官担任钦差大臣前往现场勘视。在修建海塘的过程中,若发现对工作不负责任者,克扣劳工工钱者,在建筑材料上做手脚,以少报多、以劣充优、从中获利者,一律革职拿问,查封财产,严惩不贷。

光绪三十四年(1908),晚清朝廷还对部队建制的

《两浙海塘通志》

钱塘江海塘管理机构进行改革，设立浙江海塘工程总局、浙江海塘巡警局和浙江海塘塘工议事会，三套机构各有明确分工，相互制约、相互补充，再一次体现了朝廷对钱塘江海塘非同一般的重视。

此外，清朝在修塘、治塘和护塘中，实行责任制，即谁修塘谁负责。乾隆年间，曾经发生过一次特大暴潮，海塘坍塌，村庄田园被淹，百姓遭难。当时分管此段海塘的是一位赵姓塘官，他面对破塘后的滔滔涌潮，泪流满面，哭号着纵身跳入洪流。大潮退去之后，百姓为他修了一座衣冠冢。在海宁的塔山坝上，设有七位因破塘而跳塘的塘官衣冠冢。史料上对这七座坟茔没有具体记载，坟茔上也没有墓碑，只有坟边的小草几度青黄，纪念塘上这些负责的官员。

钱塘江海塘修建，跨越千年，从吴越国钱镠开始，经历朝历代前赴后继，不断创新，不断加固延长，是我国古代的伟大工程。

第二章 劲风冰雪 灾动杭州

吴孙权太元元年（251）八月朔，大风，江海涌溢，平地水深八尺，拔高陵树二千株，石碑蹉动，吴城两门飞落。按华核对，役繁赋重，区督不容之罚也。明年，权薨。——《晋书》卷二十九《志第十九·五行下》

道光二十八年（1848），十月大雪，深积八九尺，明年二月始消。——《民国杭州府志》卷八十五《祥异四》

为民祈福赈风灾

古代，人们对大自然的科学认知有限。由于对自然界风雨雷电现象引发的严重灾害大多束手无策，便认为灾害是人的罪恶惹怒了神明，以致遭受"天谴"的后果。历代帝王尤为重视"法天敬祖"，因为一国是否能国泰民安、一年是否能风调雨顺皆系于此。倘若王朝遭遇极端天灾，民众则暗地疑虑国君失信寡道，可能发生江山易主甚至改朝换代。

三国时期吴国的开国君主孙权（182—252），字仲谋，吴郡富春县（今富阳区）人。作为一国之君，孙权以"谋略之才"雄霸江东几十载，与曹魏、蜀汉形成三国鼎立局面。他安定江东，大力开拓江南，注重发展生产、富国强兵，为江浙日后繁荣富庶打下了良好的经济基础。但是，孙权晚年在储君一事上废立失度，引起群下党争，乱象初现，为此吴大帝劳心焦思，身体也每况愈下。

赤乌四年（241），太子孙登不幸英年早逝，这对于孙权而言，不仅有国丧明嫡的震惊悲痛，还带来"立哪个儿子延续国祚"的艰难命题。

权衡之下，孙权立三子孙和为太子，但四子鲁王孙霸却开始纠集党羽，图谋上位。双方明争暗斗，甚至动用武力，将吴国朝政搞得乌烟瘴气。孙权愈发怀念孙登的仁孝，想起孙登在临终前还不忘国事，向他上疏举荐贤才，便禁不住泪流满面："宣太子才三十有三，上苍何故嫉妒英才，早早收去太子啊！子高若是健在，又哪里会有这些年来兄弟反目、父子成仇的人间悲剧呢？"

赤乌十三年（250），孙权废黜太子孙和，忍痛赐死鲁王孙霸，改立幼子孙亮为太子。吴帝艰难地完成一系列痛苦的储君变更事宜以维持动荡的政权，已是身心俱疲。第二年，他将年号改为太元，希望吴国朝政一切重新开始，希望江东父老能拥有太平之年。

然而，天不遂人愿。这年盛夏时，盐官县（今海宁）的天空异常阴沉，人们仿若头顶巨大的蒸笼一般，闷热难耐。建业（今南京）的孙权倍感烦躁，坐卧不宁。暮色之中，他索性走出寝殿，踱步来到院内。极目远眺，孙权见天边的云层似乎在游动，空气中起了一丝风意，他暗自思忖："起风了？这该死的闷热天气也该凉快凉快了！"

孙权眼力极好，他没有看错，东海上空果然是"风起云涌、风赶云跑"，正上演一场空前激烈的"风云较量"比赛。在一股接一股愈发强劲的狂风之下，沉闷的云层仿若长了脚一般被推动着涌向盐官方向，一个高耸庞大的怪物，在黑暗的夜色中，犹如面目狰狞的妖魔鬼怪，正张牙舞爪地咆哮着、奔跑着，向着盐官方向而来。这推动云层翻涌的"妖怪"，正是江东父老谈之色变，被沿海百姓称为"飓风"的台风！

孙权回到内殿却无法安心就寝。突然，一阵窸窸窣窣的声音传来，好像是院内刮起的一阵风，卷带着飞沙和落叶，从院子的东边绕到西边，风声便戛然而止，仿佛仓皇逃离一般。孙权感到诧异，正要起身看个究竟，便被身边的潘皇后温言劝解道："陛下，一阵风罢了，无须挂怀，陛下夙兴夜寐，身体要紧，早点安歇吧！"孙权听言，便顺从地安寝了。

然而孙权听到的那阵"怪风"，是庞大飓风的"先遣部队"。八月初一清晨，天光不见，东方的天空被笼罩在庞大的飓风身影中，异样阴沉昏暗。飓风身躯高大，形似"游龙"。

这"游龙"自东海海面一夜奔袭，呼啸而来，此刻到达盐官沿海岸边，尽管速度有所放慢却依然势不可当。只见它将龙尾轻轻一摆，激起层层巨浪，海面顿时波涛汹涌，浩瀚的潮水一波又一波扑向岸边。海岸的堤坝显然承受不起潮水的冲击，纷纷决口。

于是，海水和江水合为一体，洪流激荡，冲破堤坝，如履无人之地，奔向盐官。县城顿时汪洋一片，平地水深瞬间达八尺，成为泽国水城。低洼之处的房屋、花草灌木，乃至逃离不及的人畜家禽都被淹没在这突如其来的江海洪水中。

盐官百姓陷入水深之中，无法自救，哭声、喊声、呼救声连成一片，却统统被淹没在更狂躁、更嚣张的狂风怒号之中，无可区分。

更可怕的是，"游龙"登岸后犹如脱缰野马一路向西行进，所到之处，旋风卷土、飞沙走石、树木折断、房屋破损……城内外残垣断壁、一片狼藉、满目疮痍，实乃罕见！太元元年的八月初一，这一日成为载入史书的黑暗时刻。

第二章 劲风冰雪 定动杭州

杭州风貌 **HANG ZHOU**

〔明〕吕文英《江村风雨图》

身在皇宫的孙权大帝不断收到臣子们的紧急奏报，心态惶恐仿佛濒临崩溃。

"报！盐官县城告急！黎民百姓死伤无数……"

孙权听闻，心中惊悔交加："莫不是这些年，寡人不德，行事狂悖，使内外愁苦？抑或责怪寡人不察，亏负民情？上苍今日竟用这样的灾殃摧残寡人的疆土臣民？"

一想到此，孙权急忙诏见太史令："速观天象，查明灾祸，速速禀报！"

其实，太史令对于异常天象已有察觉。早些时候，他通过接连几天观察天象，发现星空有些异常，弯镰的月牙忽明忽现，宛如隔着纱帘，隐约可见，且天幕中有流星划过，坠于东海。

太史令心头一惊："出现流星，必有大事。天象有变，莫非变自东海？"昨夜，他观测到东海上空果然异常，精通历法的他推算："初一游龙滋事，祸害江东……"太史令犹豫如何禀报即将到来的天灾，况且，近年疏于治理水利，这劫难恐怕已非人力能阻挡。

灾害果然如此激烈，波涛汹涌、狂风肆虐、洪水猛兽，整整一天一夜，未见消停。

太史令奉旨接令，急忙跪下，道："陛下容禀，臣夜观天象数日，对今日风暴之灾有所觉察，但却无抗拒之力……恕臣没有及时禀报之罪！"

孙权道："你速谋良策，应对此次天灾，寡人可饶你不死。起来直言吧！"

太史令起身谢拜，直言："近年来，徭役颇重，吏多民烦，二宫相争亦牵连甚广，此番种种天有谴告。今图破解，当自减免赋税始……"

孙权闻听此言，认为太史令所言有理，便一一采纳，并决意亲自祭拜天地，为民祈福。

在孙权"天著厥异，辜在朕躬"引咎后，"飓风"和风暴潮似乎在逐渐消弭。然而盐官的排洪排涝设施常年荒废，形同虚设，只能等洪水自行缓慢消退。

这次罕见的天灾，给海宁造成了巨大损失，伤亡者不计其数，数万人流离失所，无家可归。孙权深知，作为一国之君，首先要保证黎民百姓的基本生活。

孙权根据实际受灾情况，命人详细制定了减免赋税的政策。朝廷根据受灾的人口，开仓放粮，首先解决了灾民的吃饭问题，同时派遣医师发放药材物资，避免发生大规模的疫情。另外，招聚工匠修复加固被飓风冲毁的海堤堤坝，疏通被淤塞的河道、水道，清理折毁的树木，修缮被毁的城门、房屋、陵墓等。经过近三个月的修缮治理，盐官县得以逐渐恢复生机。

是年十一月，隆冬时节，孙权不畏寒冷，执意亲自至南郊举行祭天仪式，一则为盐官数万乡亲祈福、稳定民心，二则祈求天帝保佑吴国疆土太平安定。

然而，年逾古稀的孙权未能抵过北风侵袭，祭拜仪式后，他便染上了风寒，此后一病不起。虽然有潘皇后日夜精心的照料，但吴王的身体未见好转。第二年（252）

二月，潘皇后侍疾过劳，香消玉殒。两个月后的初夏时节，孙权崩于内殿，东吴开国之君就此谢幕。

西湖坚冰　坚硬如铁

"国之大事，在祀与戎"，而后西汉大儒董仲舒将"天人感应"与"君权神授"结合，二者逐渐成为封建王朝重要意识形态。古代从民间到朝廷逐渐认同"帝王圣明，政通人和，则风调雨顺；帝王昏暴，吏治不修，则天灾地变"。

晚清时期，时局动荡，兵燹连年，杭州城也经历多次严寒雪灾，而西湖冰冻，坚硬如铁，正犹如国士之心——"男儿到死心如铁，看试手，补天裂。"

道光十八年（1838），皇帝下令各地加紧查禁鸦片，并委派林则徐作为钦差大臣，前往广东查禁鸦片。林则徐果然不负重托，半年多时间，彻底查处和鸦片交易相关联的中外商人和朝廷官员，没收所有鸦片。

道光十九年（1839）6月，林则徐主持将缴获的鸦片在虎门海滩当众全部销毁。在现场观看的广州城乡群众，无不拍手称快。林则徐虎门销烟，于国有功，还民于利。但禁烟不久，林则徐所面临政治形势迅速恶化。林则徐的好友龚自珍辞官南归，在途中写下《己亥杂诗》，其中"我劝天公重抖擞，不拘一格降人才"振聋发聩。

抗疫赈灾共济时

HANG ZHOU

二月西湖雪

第二章 劲风冰雪 灾动杭州

道光二十年（1840）6月，鸦片战争爆发，震惊中外。英国政府提出各种无理的要求，而软弱的清政府却一味地退缩求和。

隆冬时节，杭州又迎来一场鹅毛大雪。只一夜的工夫，杭州仿佛成为北国冰城，银装素裹。雪后天晴，龚自珍独自来到西湖。

西湖的水早已冻成了厚厚的冰，坚硬如铁。龚自珍想到屈原《九歌·国殇》中的"天时怼兮威灵怒，严杀尽兮弃原野"，时下天灾人祸，内忧外侮，严冬一片肃杀场景更添内心凛然悲壮之意。

道光二十一年（1841）春，龚自珍受邀去江苏丹阳的云阳书院教书。6月，好友林则徐被流放新疆伊犁，赴戍途中写下"苟利国家生死以，岂因祸福避趋之"。龚自珍欲赴上海投身反侵略斗争，却在9月突患急病暴卒于丹阳。真是时来天地皆同力，运去英雄不自由。

是年11月，杭州一带又一次下起大雪，雪厚丈余，西湖冱涸，雾凇沆砀。雪灾摧残过后，无数房屋垮塌，百姓不是被掩埋在雪窝里，就是被湮没在倾圮的屋舍里，大量灾民流离失所，冻伤冻死。

第三章 体察民情防旱涝

淳熙八年（1181），四月……雨腐禾麦，五月久雨败首种。六月浙西大饥。

临安府七月不雨至十一月，秋大旱……冬，行都饥

——《民国杭州府志》卷八十二《祥异一》

陆游公心赈洪灾

南宋淳熙八年（1181）五月间，江南地区的两浙西路阴雨连连，行都临安及周边的严州、绍兴等地均发生了严重的洪灾，致使前一年越冬的麦苗、当年开春播种的水稻以及瓜蔬豆荚被雨水长期浸泡而腐烂。

杭州的洪涝多数出现在公历5—10月份，有不同类型，其中以梅雨洪涝和台风洪涝为主，另有局部热雷雨引发的短时间水涝。从地理角度看，杭州的地形，西南部以山区为主，东部以丘陵平原为主，倘若两浙一带雨水持续偏多，或出现大暴雨，则可能引起河水泛滥、山洪暴发，进而淹没农田，冲毁道路和房屋，造成严重破坏；而地势低、地形闭塞的地区，会因雨水不能迅速排泄而形成内涝灾害。从气象角度看，钱塘江流域入春后雨水逐月增多，一般于5月进入汛期，特别是每年6月中旬至7月中旬的梅雨期间，降水集中，暴雨频繁，为洪涝的多发季节。

南宋时期，严州地处浙江西部，钱塘江上游，西与安徽的徽州相依，辖内淳安、建德人多讲徽语，属于吴语徽严片，区域内多山地，四周皆为山地丘陵，唯有中间一小片平原，钱塘江、兰江等河流横贯其中。

陆游像

淳熙八年（1181）五月，春夏季节持续性降水引发山洪，这便是陆游在严州遭遇的那场载入史册的特大洪灾。

早在绍兴二十三年（1153），28岁的陆游赴临安参加锁厅试，这是宋代一种对现任官员及恩荫子弟的进士考试。这次考试，陆游独占鳌头，主考官阅卷后取为第一。宋孝宗即位后，陆游得赐进士出身。但陆游的主战派立场，与宋高宗赵构、秦桧的主和派的政治主张格格不入，这注定了陆游一生仕途坎坷的命运。

陆游经过两度军僚幕府的蜀中生涯后，于淳熙六年

（1179）被任命为江西常平提举，主管粮仓、水利事宜。次年，江西遭受水灾，陆游亲临现场指挥救灾，号令各郡开仓放粮，同时上奏朝廷告急，请求开放常平仓赈灾，此间赈灾经验为他日后严州抗灾施策做了预备。淳熙七年（1180）十一月，陆游奉诏返京即遭弹劾，便愤然辞官，回归山阴（今绍兴）故里。

淳熙八年（1181），谷雨之后，雨水充沛，钱塘涛喧，莺飞草长，陆游取道钱塘江、富春江，欲览李白、孟浩然笔下的奇山异水，顺便拜访几位故交。

然而这一年梅雨来得特别早，行途中大雨如注，江水浑浊，陆游全然没有孟山人"挥手弄潺湲，从兹洗尘虑"（《经七里滩》）的惬意，而是在大雨中逆流而上，走走停停，直到五月上旬，才到达严州。

陆游的高祖陆轸，曾于庆历年间在此任过知州，当时此地称为睦州。宣和三年（1121），改睦州为严州。陆游入严州之时，适逢钱塘江全域梅雨连绵。

入夜，驿馆中蚊蝇聚集，窗外狂风暴雨。忽然，惊雷乍起，陆游听到远处隐隐约约的人哭狗叫，当地人喊着"破圩了"。堤坝溃塌，意味着洪水泛滥、百姓死伤、农业损毁，如果朝廷赈灾不当，必会饿殍遍野，甚至瘟疫流行。

陆游心急如焚，趁着雨歇水退，匆匆返回绍兴。当陆游回到老家时，临安、绍兴一带也是洪水滔滔，萧山一县甚至尽为江湖。

至七月，绍兴大雨，而临安大旱，两浙地区庄稼绝收，引发饥荒。据《续资治通鉴》记载，八月，改任朱熹提举浙东常平茶盐。"时浙东荐饥，王淮荐熹，即日单车就道。"

陆游得知朱熹奉命赈济，却行动迟缓，便寄朱熹一封书信《寄朱元晦提举》：

> 市聚萧条极，村墟冻馁稠。
> 劝分无积粟，告籴未通流。
> 民望甚饥渴，公行胡滞留？
> 征科得宽否，尚及麦禾秋。

陆游告知朱熹现下灾民情况，促其速行，并请求宽限征科，以纾民困。诗中，劝分（或劝粜）之法是利用民间力量进行赈灾的重要途径，是指劝谕有能力的家庭无偿赈济贫乏，或减价出粜所积米谷以惠贫者的做法。该项赈灾措施由来已久，相传春秋时期即有类似做法，后世均有沿袭。宋代开始大量采取这种策略，并制定了相关法度，采用一定的奖励措施，以保障其顺利实施。自真宗年间采用此法，此后愈发依赖。淳熙十年（1183），尤袤对此曾有一段重要的论述："今日公私诚是困竭，不宜复有小歉。国家水旱之备，止有常平义仓，频年旱暵，发之略尽。今所以为预备之计，唯有多出缗钱，广储米斛而已。又言救荒之政莫急于劝分。"

南宋时期，中央及地方政府的财力往往捉襟见肘，无法承担赈济的重任，因此不得不发动民间力量参与到抗灾救灾当中。虽然有不少强制的情况存在，但劝分赏格在一定程度上调动了富民的积极性，在赈灾方面起到了一定的积极作用。

由于连灾，米价陡增，百姓们缺衣少食。陆游到城外勘察灾情，他意识到平时的仓储应当远远胜过饥荒之后的救济，以备不时之需。宋朝官府建立了名目繁多的仓储，主要有常平仓、义仓、惠民仓、广惠仓等。常平仓始建于太宗时期的开封，当时在开封的四个城门各设一仓，官府平价购粮，等发生饥荒时以低于市场的价格卖给平民，平抑物价。义仓始设于乾德四年（966），民间以义租的形式将粮食交给政府，再由政府设置仓储加以管理。惠民仓始建于后周，宋代将此加以推广。淳化五年（994），在诸州设置惠民仓，谷价上涨时，减价卖给贫民，每人不过一斛。景德三年（1006）以后逐渐推广至全国各地。惠民仓与常平仓一起，共同发挥了平抑物价、稳定市场、救济贫民的作用。但两者又有不同，常平仓有自己的粟米，而惠民仓则靠杂记钱折粟贮存起来，它的本钱也由政府补助而来。广惠仓于嘉祐二年（1057）在全国各处设立，储存的谷物由政府收集绝户田的租谷而来，用以救济老幼残疾贫苦无依的百姓。然而，有时储存谷物并不够用，当地官员和开明士绅的救济也是很重要的赈灾办法。

淳熙十三年（1186），陆游奉诏入京，复任严州知州。五月大雨，城南被淹，八月发水，严州灾情严重。

陆游一改当时官场上"报喜不报忧"的积弊，及时向朝廷奏报灾情，请求赈灾。陆游还向灾民详细了解受灾情况，对灾民说道："我想在城里开设粥厂，赈济灾民，雨生，能帮个忙吗？"说着，把头转向旁边的读书人雨生。

"大人您吩咐，上次的大恩大德还没报呢。"雨生说道。

"安顿好家人，去城里帮忙维持一下粥厂，可好？"

"好嘞，我这就回去收拾收拾。"

一个多月过去了，这天，陆游走到施粥厂："雨生，最近情况怎么样？"

"回大人的话，这几日来喝粥的人少多了。一来呢，中秋节将近，大家都准备回乡过节；二来呢，老家的人带话来说，那边大多数人都领到了救济粮，我们村里也建了一个粮仓，这下大伙儿可以安心过个节了！"雨生兴奋地说。

"既是这样，这两天你也归置归置准备回家看看吧。你辛苦了这些日子，风里雨里的，也瘦了许多。走之前记得去州衙的账房，拿上工钱，过个好节吧。"

"大人，这怎么使得呢？"雨生赶忙摆手。

"公是公，私是私。亲兄弟还明算账呢，这是我的一点心意，回去给家里的妻儿买件过冬的衣裳穿吧！"

由于陆游采取了各种有效的赈灾措施，第二年青黄不接的时候浙西百姓也没有因饥荒而饿死人。他为当地百姓度过灾害和饥荒，殚精竭虑，值得后人纪念。

察访民情防"霉雨"

梅雨，江浙一带常见的天气现象。钱塘江流域地处欧亚大陆东部的中纬度地区，常常同时受到北方南下的冷空气和热带海洋北上的暖湿空气影响。每年春季，暖湿空气势力逐渐加强，从海上缓慢挺进大陆，徘徊于南岭以南地区形成雨带，这个时段，气象学上称为"华南前汛期"。至农历五月下旬，暖湿气流继续增强，北抬至长江中下游地区，与北方南下的冷空气在此相遇，此时，冷暖空气势力相当，形成对峙，遂造成一个相对稳定、南北摆动的锋面及降水，气象学上将它称为准静止锋或梅雨锋。冷暖空气此消彼长，使雨带在南北方向呈小幅摆动，出现晴雨相间的天气，这便是典型的梅雨期天气。

梅雨开始的时间称为"入梅"或"立梅"，结束时间称为"出梅"或"断梅"。我国长江中下游地区正常的梅雨年份，一般在每年的农历五月中旬入梅，六月上旬出梅，历时20多天。

梅雨期间，空气中水汽比例高，衣服等容易发霉，因此也被称为"霉雨"。对于具体年份来说，往往存在着很大差异，有的年份梅雨不明显，甚至产生"短梅"或"空梅"现象。而有的年份梅雨明显，降水量大而集中，形成"特长梅雨",造成洪涝灾害。

淳熙十三年(1186),陆游复起任严州知州。已62岁的陆游按惯例来到临安向孝宗皇帝谢恩辞行。杭州的春天,常常细雨绵绵,润物无声,素有烟雨江南之称。等候觐见的日子里,独住西湖驿馆的陆游百无聊赖,夜听春雨,闲书行草,便写下《临安春雨初霁》:

> 世味年来薄似纱,谁令骑马客京华。
> 小楼一夜听春雨,深巷明朝卖杏花。
> 矮纸斜行闲作草,晴窗细乳戏分茶。
> 素衣莫起风尘叹,犹及清明可到家。

"小楼"一联隽永清新,成为传世名句。此诗传入宫中,深得宋孝宗称赏。后来,宋孝宗在延和殿上勉励即将赴任的陆游:"严陵山青水美,公事之余,卿可前往游览赋咏。"

然而,这次陆游毫无领略钱塘江山水的闲情,只是舟马并行匆匆赶往严州,他担心这淅淅沥沥的春雨会演变成五年前的狂风暴雨,担心堤坝尽毁,百姓遭殃。

到任后,陆游便到处访察民情,防患于未然。这天,天气闷热,知了聒噪。陆游来到路边的茶棚,离鞍下马,寻一竹凳坐下。

"茶博士,点个泡茶。"陆游一边拭汗,一边说道。

"好嘞!"不一会儿,店小二便端茶上来。

"这里的农事最近顺利吗?"陆游随口问道。

〔明〕谢时臣《风雨归村图》（局部）

"唉！梅雨这么长时间，就怕庄稼在地里泡烂了！"店小二说道。

"五年之前，我欲泛舟富春江上，遭遇大雨，令我平生难忘！"陆游说道。

"梅雨后头，说不定还有伏旱等着呢。"店小二摇头道。

陆游心中哀民生之多艰，又问道："此地梅雨季可有规律可循？"

"老天爷管的事儿，那可没准儿咯，梅子黄时日日

第三章 体察民情防旱涝

晴的时候也是有的,往年一般都是在五月下旬前后。谁知道今年龙王爷脾气呢?"店小二说道。

"如此,多谢你。"陆游点头道。

回到府衙后,陆游迅速召聚官吏,部署梅雨防范措施。陆游说道:"连日来,本府察访民户,也对严州的民风民情作了一番了解。农户普遍对旱涝灾害多有顾虑,对此,望诸位能各抒己见,共商良策!"

通判起身走到严州舆图前,指着严州西处说道:"愚以为,最头疼的还是新安江。尽管今年春天雨水偏少,未必造成重灾,但未雨绸缪。"

陆游道："嗯，言之有理，即日起，召集厢军，查勘沿线大堤，低矮隐患处及时修补，以固新安江沿线！"

"领命！"通判答道。

初夏的梅雨如期而至。正在府衙内整理诗稿的陆游惊闻雷声，五年前狂风暴雨、漆黑一片的场景历历在目。这一次，由于有了充分的准备，陆游心中有了些许底气。事实亦如通判所料，梅雨虽然有些猛烈，但新安江水位上涨程度不及五年之前，并且堤防提前加固，严州域内未发生洪涝灾害。

"报，西部山区有快马来报！"衙役的急促声打断了陆游的沉思。

"念。"

"西部山区似有山洪暴发。"

"速速组织百姓撤出险境，数点赈灾粮草，速发西部！"陆游急促地说道。

终于，在陆游的提早防范、精心布置下，严州应对有方，此次梅雨未有大灾。陆游得到了百姓们的一致称赞。

疏井劝农抗旱灾

在宋代，抵御旱灾的办法还比较有限。这里讲讲苏轼和陆游抵御干旱的故事。

熙宁四年（1071），因反对变法，苏轼遭到变法派的打压，上疏请求外任，被授杭州通判。苏轼表兄、诗人文同给苏轼的信中规劝道"北客若来休问事，西湖虽好莫吟诗"，然苏轼不置可否。

一日，苏轼拜访天竺院，小沙弥为他端上了两杯龙井。苏轼呷了一口道，摇头说："茶是好茶，只不过水逊色了一些。"小沙弥叹息道："这里虽然产得好茶，怎奈海水经常倒灌，因此这水苦涩难喝，还望施主多担待。"苏轼道："客随主便，无妨无妨。"在与小沙弥闲聊过程中，苏轼了解到更多情况，于是道："烦劳小师父取笔墨一用。"遂写下一首《雨中游天竺灵感观音院》：

蚕欲老，麦半黄，前山后山雨浪浪。
农夫辍耒女废筐，白衣仙人在高堂。

这首诗歌，似谚似谣，暗讽上位者如泥塑木雕，闭目塞听，不察民情。

杭州位于长江三角洲南侧，杭州湾西端，由钱塘江冲积而成，地势较低，海水经常倒灌。这里水质苦涩，不宜饮用。唐时杭州刺史李泌为了解决这一难题，曾在城内挖了六口大井，并引西湖水济之；而后白居易任杭州刺史时，进一步治理西湖，疏浚六井。但如今改姓易代，六井早已淤塞，吃水便又成了杭州百姓的大问题。苏轼遂将此事记挂于心。

这年秋天，苏轼与知州陈襄共同问政计于民，向民间征集疑难之事的问题线索。大家纷纷表示，六井不治，饮水困难，严重影响日常生活，特别是干旱之年，民生更易疾苦。陈知州性格豪爽，承诺即日起便着手疏通六井。

苏轼详细考证苦水的原因、六井的位置、六井的起源和现状，同知州一道，邀请精通水利的僧人主持修复六井的工作。他们挖沟、换井壁、补漏洞、砌水闸，熙宁六年（1073）春天，六口大井全部整修完毕，清流满溢，瞬息万斛。

杭州百姓奔走相告，欢喜之情溢于言表。苏轼作《钱塘六井记》，文章的最后写道：

> 余以为水者，人之所甚急，而旱至于井竭，非岁之所常有也。以其不常有，而忽其所甚急，此天下之通患也，岂独水哉？故详其语以告后之人，使虽至于久远废坏而犹有考也。

意思是说，水是必需之物，只有提前防范旱情，才能有备无患。

是年，江南地区发生了大面积干旱，江南百姓饮水困难，从江淮到浙右，各地的水井基本干涸。但钱塘地区的百姓遇此大旱，仍然有井水可饮，一切多亏六井修复。

熙宁七年（1074）秋，苏轼调往密州（今山东诸城）任知州。十五年后，元祐四年（1089），苏轼二任杭州，再续前缘。

苏轼到达杭州已是梅雨过后，钱塘江流域即将进入盛夏。倘若伏夏无雨，杭州势必出现干旱荒年。作为江南水乡，杭州境内河网密布，无论农业还是工商业都与河水息息相关。苏轼察觉到治水对旱灾的重要性，唯有管理好水的问题，改善环境，航运畅通，社会经济才能保持繁荣发展。

在五代十国时期，为了防止海潮进入运河污染城市用水，杭州沿海曾经筑有一道长墙，到北宋朝，该墙已年久失修、破败不堪。苏轼上任伊始，便带领相关官吏对杭州的地理特点、河湖走势进行了细致的考察，然后决定首先需要疏浚运河。当时杭州城内有两条运河——盐桥河（中河）和茅山河（东河）。两河由北至南，蜿蜒穿过杭州，南端以闸口与钱塘湾相接，二者皆是沟通大运河与钱塘江的要道。每次在涨潮时，海水挟泥沙倒灌，逐渐淤塞河道，一般每隔四五年，运河河床便需要疏浚一次。但自河床挖出的淤泥常常被直接堆放在岸边，这既影响了沿岸居民的日常生活，也破坏了城市整体环境，并且妨害了运河的交通，致使船只在运河上耽搁几天后才能出城。

为此，苏轼在前期调研基础之上，拟就了一项针对旱灾标本兼治的计划。其具体方案是：在郊外延长茅山河的流经，在钱塘江南部修建水闸，潮水来时关闭闸门，让挟带泥沙的潮水沿茅山河北去，潮平之后再打开闸门，让清水注入盐桥河。如此一来，流经市区的盐桥河可维持河水清澈，城外的茅山河便于施工，定期疏浚即可，也不会给杭州居民的日常生活造成严重不便。

苏轼利用钤辖浙西路兵马的便利，调集了一千多名厢军，仅仅利用了半年时间就将两条运河疏浚完毕，此后大大方便了商船和百姓的出行。"父老皆言：'自三十年已来，开河未有若此深快者也。'"（《申三省起请开湖六条状》）

和运河交通同样重要的是杭州百姓的用水问题。杭州西湖不仅是湖山胜境，也是保证运河通畅的重要水域，更是农田灌溉、居民饮水的主要水源。但苏轼重游西湖时，竟发现西湖淤塞荒芜的面积已占了一半，"而近年以来，堙塞几半，水面日减，葑菼（茭白等水草）日滋"。

对此，他忧心忡忡，发出了"更二十年，无西湖矣"的慨叹。苏轼决心整治西湖，经过勘调，他向宋哲宗呈

中国水利博物馆

奏《乞开杭州西湖状》，陈明"杭州之有西湖，如人之有眉目，盖不可废也"。

苏轼从养鱼、蓄水、灌溉、助航、酿酒等五个方面论述了西湖的重要性，阐明了当前西湖所面临的严重危机。在宋哲宗准奏后，苏轼决心克服一切困难，动工疏浚西湖。他召集民工，以工代赈，决定抓住梅雨停歇的有利时机，开掘葑滩，疏浚湖底。

得知苏知州整顿西湖时，杭州百姓欣喜万分，纷纷出钱出力，壮士张柱也拿起农具，赶往西湖岸边。

"这么多年都没疏通了，湖中的淤泥可真不少啊！"

"是啊，是啊，这淤泥挖出来容易，可往哪放呢？"

"对啊，如果都放到湖边也太脏了，夏天太阳一晒，淤泥的鱼腥味儿可太难闻了。"民工们纷纷议论道。

"快看，苏先生来啦！"壮士张柱欢喜地喊到。

"夏日炎炎，诸位义士辛苦了，苏某在此谢过，"苏轼拱手向民工致谢，"诸位聚集议论，有何困难？"

于是，大家将困惑向苏轼一一讲述。他来到湖边，沉思良久后，想到一个两全其美的办法，即用湖里的淤泥和蔚草来构筑一条跨越西湖的长堤，以沟通南北。

"先生果真厉害！这个法子好，我平时从湖北岸到湖南岸就要走三十多里地呢，如果用一条大堤把南北连起来，就方便多啦！"张柱开心地说道。

苏轼笑着点了点头："万事开头难，这几日工程仍需诸位义士劳心劳力！"

时值端午，百姓们抬着羊肉和美酒送给苏轼拜节，以表达他们感激之情，苏轼推托不过，只好收下。苏轼命庖厨炖好羊肉羊汤，分给做工的百姓。张柱说："我听乡里大夫说，羊肉好比人参，能补阳益肾。"民工们也很开心，有了被尊重的感觉后，做工愈发卖力。

经过半年多浚修，西湖面貌焕然一新，水草和淤泥清除净尽，更有一条大堤立于湖中，南起南屏山，北至栖霞岭，其上建有映波、锁澜、望山、压堤、东浦和跨虹等六座桥和九座亭，芙蓉、杨柳间植堤上，连通了里湖和外湖，成为湖中亮丽的风景。

此外，苏轼更考虑到西湖的长期治理。为了防止西湖再度淤塞，他将近岸湖面租给民户种植菱角。菱角对环境的要求很高，每年春天农民在岸边种植时，需清除水中藻荇，寸草不留方可下种，因而凡是种植菱角区域，杂草均不易生长。这也是个一举多得的好办法：沿岸湖面每年能得到清理，收取的租金和税金可用于西湖的疏浚和长堤的维修，并且帮助民户缓解生计困难。张柱在湖边租种了几亩种植菱角，以图安居乐业。

然而，自然灾害总是侵扰杭州这片美丽的土地，水灾走了，旱灾又来，有时还有蝗灾不期而至，最终引起饥荒和疫病。这样的情形，每隔几年便上演一次。苏轼为此日夜忧心，思考如何减轻灾害损失，济世安民。

山青青，水长流。近百年之后，陆游出任严州知州，又逢严重干旱。到任以后，连日的劳累加上年事已高，以及忧国忧民之情迸发，陆游终于患上了心腹痛疾。虽然经过多日调养已经病愈，但身体更加羸弱。

这年秋天，秋雨迟迟未至，取而代之的是"秋老虎"。晴空万里、艳阳高照，陆游不辞辛苦，又去乡下察看灾情。

新安江水位大幅下降，部分土地出现了龟裂，陆游一路察访，心急如焚……在一家农户门口，陆游看到了一位正在纳凉的老者，赶忙下马。

"老哥，你家地里的情况如何？"陆游问道。

"唉！年轻的都出去逃荒了，就我和老妻在这里看家。"张老汉答道。

"吃水还方便吗？"陆游忧心地问道。

"唉！村里的井已经干了，要吃水，得走十里地去南边挑去。"张老汉说。陆游立即布置辖区内的抗旱保农业事宜，这成了他公事中的重要内容。

在任三年，陆游多次祈祷风调雨顺。鉴于严州山多地少，粮源在外，陆知州经常具文呈报朝廷，请求发放州县义仓粮食救济灾民，并免除灾民的租赋徭役。

另外，陆游细心研究布置农业生产，注重劝民农桑，曾两度于春耕生产之前召集父老详说农耕事宜。在严州，陆游留下"丁未"和"戊申"两篇《劝农文》。

《丁未严州劝农文》：

盖闻农为四民之本，食居八政之先，丰歉无常，当有储蓄。吾民生逢圣世，百谷顺成，仰事俯育，各遂其性。太守幸得以礼逊相与从事于此，故延见高年，劳问劝课，致诚意以感众心，非特应法令，为文具而已。今兹土膏方动，东作维时，汝其语子若孙，无事末作，无好终讼，深畎广耡，力耕疾耘，安丰年而忧歉岁。太守亦当宽期会，简追胥，戒兴作，节燕游，与吾民共享无事之乐，而为后日之备，岂不美哉。

《戊申严州劝农文》：

盖闻为政之术，务农为先。使衣食之粗充，则刑辟之自省。当职自蒙朝命，来剖郡符，虽诚心未格于丰穰，然拙政每存于抚字。觞酒豆肉，曷尝妄蠹于邦财。铢漆寸丝，不敢辄营于私利。所冀追胥弗扰，垦辟以时，春耕夏耘，仰事俯育。服劳南亩，各终薅荟之功。无犯有司，共乐舒长之日。今者土膏既动，稼事将兴，敢延见于耆年，用布宣于圣泽。清心省事，固守令之当为。旷土游民，亦父兄之可耻。归相告戒，恪务遵承。上以宽当宁之深忧，下以成提封之美俗。

丁未即淳熙十四年（1187），戊申为淳熙十五年（1188）。在《劝农文》中，陆游告诫辖区内的民众：一是不误农时，春耕夏耘，精耕细作；二是丰年不忘歉年，以备饥荒；三是"无事末作""无好终讼"，不要出现旷土游民。陆游的爱民之心可见一斑。

抗旱救涝的公事之余，陆游游览赋咏，写下了约300篇诗文，包括《夜登千峰榭》《严州大阅》等忧国的诗篇，"危楼插斗山衔月，徙倚长歌一怆神"等句，正是他忧愤心情的写照。由于严州有良好的刻书条件，陆游在朋友们催促下开始编选诗稿。为纪念在四川前线

《天工开物》中的水车

那段紧张难忘的抗金经历，陆游将诗集命名为《剑南诗稿》。诗集刻成之后，轰动当时的文坛，人们争相传抄，交口称赞。

转眼到了淳熙十五年（1188），64岁的陆游任满。陆游认为如果在官场上不能实现自己的抱负，那么，勤政爱民未尝不是一个好的选择。

离任之际，天空落雨，雨打窗棂，他联想到了数月前休憩之日登千峰榭的情景，赋诗《休日登千峰榭遇大风雨气象甚伟》：

> 今日逢休沐，凭高且暂闲。
> 风声初卷野，雨气已吞山。
> 疾病临觞懒，尘埃得句悭。
> 西征忽在眼，河势抱函关。

那也是一个雨天，但风大、雨急。独登山顶的陆游，只好跑到凉亭中暂避。眼前大雨滂沱之势，让他想到了黄河，想到了函谷关，想到了西征……

陆游吩咐家人收拾行李，准备离开。

"大人！府衙门口聚集了好多百姓。"管家一边敲门，一边说道。

陆游定了定神，说道："取我的蓑衣来。"

原来，陆游离任的消息传出后，严州的百姓们纷纷奔走相告，都想挽留这个为民谋利的好知州。今天一早，大家纷纷聚集在府衙门前，那次为陆游沏茶的茶博士、为陆游讲述旱灾的张老汉也夹杂在人群中。

由于雨来得突然，很多百姓都未带雨具，但这丝毫不影响大家的热情。陆游看到后，向大家拱手道："外面雨大，还请乡亲们到堂上叙话吧！"

窗外雨霖铃，堂上氛围浓。知州百姓席地坐，共话三年抗旱救涝鱼水情……

从严州卸任之后，陆游又是几度沉浮，几度夕阳。但他信念坚定、斗志昂扬，位卑未敢忘忧国，困顿尤怜民间苦。即便在晚年，他仍牵挂着严州的山山水水、严州的黎民百姓、严州的旱涝丰歉。

第四章 低温冻害加雹灾

绍兴四年（1134）三月己末，大雨雹伤稼。四月霖雨至于五月。浙东西郡县，坏圩田害蚕麦蔬陆。六月，霪雨害稼。九月，久雨。——《民国杭州府志》卷八十二《祥异一》

绍兴五年（1135），三月，霖雨，伤蚕麦，行都雨甚——《文献通考》卷三百三《物异考九》

低温伤蚕麦　蔡襄出对策

北宋治平二年（1065），蔡襄出任杭州知州。蔡襄（1012—1067），字君谟，兴化军仙游县（今福建仙游）人，北宋名臣，书法家、文学家和茶学家。天圣八年（1030），年仅19岁的蔡襄参加开封府乡试，获得第一名，次年春殿试第十进士登科，入朝为谏又数度外出为官。

蔡襄初到杭州，适逢春天的连阴雨。日光沉沉，淫雨霏霏，使得这位福建才子颇感不适。这场雨从二月二"龙抬头"始，断断续续下到清明，此间冷风、雪冻，气温低迷，本是江南桑树出叶、蚕蛹出茧之时，却出现"时令自逆行，造化岂不仁"的情状。

春秋时期，吴楚之地农桑并举；魏晋以来，衣冠南渡，带动江南植桑发展；唐宋之后，杭州一带桑蚕生产愈发兴盛。

然而，天气对蚕桑生产影响十分明显。清明时节，北方冷空气与南方暖湿空气常对峙于杭州，阳光寡照，阴雨不霁，唐人徐凝诗"花时闷见联绵雨，云入人家水毁堤"。这种春季连阴雨，不仅严重妨害桑树正常生长，而且给家蚕饲养也带来许多困难。

第四章 低温冻害加雹灾

蔡襄入杭所遇,即是连日阴雨引起的"低温冷害"。低温引起春寒,进而导致冷害,冷害的灾损情况又与当时当地的耕作制度、作物品种息息相关。历代志书中相关记载比比皆是,如:"春季二月寒,败首种,损蚕麦","立夏前三日雨,禾苗尽萎","四月连日寒雨,间有雪珠,豆麦皆遭寒摧残,收成大减","早霜、大霜三日,荞麦、禾豆悉槁","大雪,禾、靛、苎俱败,饥荒异常",等等。

这日,蔡襄得到同好邀请品茶论道,带上仆人便服出行,行至一村落,见数十人围聚一起,拥堵道路,吵吵嚷嚷,蔡襄便命仆人一探究竟。

仆人上前,听到众人中一个老妇哭呛道:"老天爷,这是要我们的命啊!"众人闻言也是神色悲戚。

仆人见状,向旁边一青年汉子问道:"这位壮士,这是何故?"汉子见问话之人衣裳整洁,恐是官家身份,便正色而立,说明原委。

原来,这些时日天气阴冷,雨水风雹连绵不断,附近村落的养蚕人家所植桑树出不了芽,返不了绿,桑树受灾,蚕便没了吃食,另有一些饲养的春蚕发育不良,甚至出现死亡的现象,如此下去,养蚕人家难以维持生计。众人聚在一起原本为要商量对策,可说来说去毫无头绪,反倒愈发无望了。

仆人仔细记下后,如实回禀蔡襄。聚众看到蔡襄一行人,或出于对官吏的敬畏便渐渐散了,仅有一两个人陪着哭泣的老妇。

蔡襄见状,上前道:"老人家,切莫愁苦过甚,伤了身体，即使遭灾，也可向官府求告啊！"

老妇听言叹了口气："唉，我们全家上下，皆靠养蚕营生，如今老天爷要断了这条路，我们可怎么活啊？官府如今能管我们吗？"陪同者怕老妇招惹麻烦，忙搀扶着她离开了。

蔡襄此时再无访友品茶的兴致，便打道回府了。回去的路上，他无法释怀桑农蚕女忧伤绝望的神情。作为一方知州，当安民济时，眼下不仅要对受灾的农户提供必要的救济，还亟须找到补救方法，减轻今后种桑养蚕的损失。

蔡襄查阅了杭州的农蚕典集、地理方志和民间记录，并且深入田间，观测桑叶生长和家蚕发育情况，详考灾情，询问桑农过往经验。他察觉种桑养蚕与植茶制茶有些类似，应用自己在建州管理茶园的一些办法，或许能亡羊补牢，甚至改进桑蚕技术。

〔南宋〕刘松年《蚕事图》

蔡襄发现：阴雨寡照下，桑叶黄而小，桑枝生湿菌；家蚕难耐阴冷，易患病死亡。因此，蔡襄发动桑农在桑园开沟，以便排水。此后，蔡襄的方法推广开了，对于水稻农业也有益助。

杭州古代农业生产和作物生长中，有三个时期的"低温冷害"严重威胁农作物的产量和质量。这三个低温冷害期的时间和影响各不相同，分别为春季低温冷害、夏季低温冷害和秋季低温冷害。春季低温冷害是指春分以后的3月下旬至4月，杭州连作早稻播种、育秧、移栽，春花作物生长成熟和桑茶萌芽生长时期出现的低温连阴雨天气；夏季低温冷害是指5月下旬至6月中旬，早稻孕穗期间出现的低温连阴雨天气；秋季低温冷害是指9月中下旬秋分前后，连作晚稻抽穗扬花期间出现的低温连阴雨天气。

春季低温即"春寒"，常伴有阴雨，造成早稻烂种、烂芽和烂秧，其中清明后出现的"春寒"又称为"倒春寒"。从历年资料分析来看，桐庐以北的中北部地区"倒春寒"出现频率较大，约四五年一遇；而南部的建德、淳安一带，因冷空气势力有所减弱，出现频率稍小，约5—7年一遇。5月下旬至6月中旬的夏季低温冷害，又称"五月寒"，它影响早稻结实，农谚有"五月不用扇，早稻空一半"之说。而每年9月份受南下冷空气影响出现的冷害天气称为"秋季低温"，它往往导致晚稻结实降低，秕谷增加，民间俗称"翘稻头"。

北宋后期至南宋年间，正是中国气候变冷的阶段。相关史料中常见"霖雨伤蚕麦犹寒""春四月雨雹及雪"及"六月雨而凉，秋禾不发"的记载，其他类似"翘稻头"和"五月寒"的灾害记录，在南宋和明朝的史料中记载尤多。

至今，蔡襄的这套防治春寒理论方法在江浙一带还广为流行。遗憾的是，这位务实的地方长官，在杭州的任职时间太短。治平三年（1066），蔡襄的母亲卢老夫人去世，蔡襄护丧南归故里。治平四年（1067），蔡襄安逝故里，享年56岁。

建太庙遇雹灾

靖康之变后,靖康二年(1127)五月初一,赵构于仓皇之中在南京应天府(今河南商丘)即位,改元建炎。

其后4年间,赵构狼狈奔逃于江南各地,直至宋军取得了和尚原之战胜利,阻止了金军的西线攻势,赵构才回到越州(今绍兴)。此时赵构心情稍有放松,随即改元绍兴,敕曰"绍奕世之宏休,兴百年之丕绪",意为继承皇统,中兴社稷,并升越州为绍兴府,题写府额"绍祚中兴"。

"绍祚中兴"墨迹未干,隆祐太后,即宋哲宗的孟皇后去世,临终遗命不设寝宙,择地攒殡,俟军事宁,归葬皇陵①。临安府称"行在",上皇村称"攒宫",可见无论是南迁士民还是中原遗民,始终抱着宋军有朝一日能够收复失地,还于旧都的美好盼望。

至绍兴四年(1134),北伐无果,赵构似已习惯偏安,既然抗金是一场持久战、消耗战,且一时胜利无望,而临安府已定为"行在"却过于简陋,则当修缮宫殿,修建太庙。

① 据《嘉泰会稽志》卷六记载:"绍兴元年(1131)四月十四日,奉隆祐皇太后遗诰:'敛以常服,不得用金玉宝贝,权宜就近择地攒殡,俟军事宁息,归葬园陵(指河南巩义北宋皇陵)。所制梓官,取周吾身,勿拘旧制,以为它日迁奉之便。'"

修建太庙，有助于恢复皇家权威，凝聚南宋军民人心，从而积攒抗金实力，也可为临安抵御连年灾荒积攒资源。

绍兴四年（1134年）的三月，太庙建设如期开工。而杭州城却气温低迷、凄风苦雨，这年又出现较大冰雹，使得春播禾苗严重受损。

杭州冰雹一般发生在春季，临安、建德、淳安丘陵山区出现较多。冰雹大小不一，小如黄豆，大的超过鸡蛋甚至拳头。虽然冰雹袭击范围较小，但其摧毁力极大，破坏庄稼、房屋，造成人畜伤亡。

赵构曾率群臣视察工地，不期遇到冰雹，雹子竟然砸到群臣，甚至有几个落在赵构皇帝身上。

降水一直断断续续下到六月，中间夹着多次冰雹，浙东浙西圩堤损坏无数，茶叶、蚕桑、小麦和菜蔬基本无收，七、八两月稍有停息，九月雨水继续。

宋高宗表示，太庙修建不宜再大兴土木，随宜为之。最终，太庙于绍兴五年（1135）三月初成，宋高宗便奉祖宗神主至此。然绍兴五年四月，宋徽宗崩于五国城（今黑龙江依兰县），宋高宗惊闻噩耗，内心大恸，也夹着对国仇家恨的无可奈何。同年，金完颜亶已登基为帝，追封宋徽宗为天水郡王，以缓和与南宋的关系。

赵构也得到喘息之机，着手治理临安，包括抵御雹灾在内的各种自然灾害，休养生息，集聚国力。大概他也不会忘记自己被冰雹砸中的经历。

径山不胜寒　白云入茶盏

绍兴五年（1135），宋高宗命臣子奉太庙神主还临安。据《宋史》和《文献通考》等史籍记载，绍兴五年三月，两浙地区阴雨绵绵，杭州一带雨势尤甚，这似乎预示着南宋在绥靖政策下依然飘摇不安的时局。

连日低温阴雨，"间有雪珠，豆麦皆遭寒摧残"，余杭的径山茶区，茶树芽头多被冻死，芽叶卷曲焦灼，其上多有冻伤的黑斑，受热化冰后便发酵变红，难以做出像样一点的茶叶，更有甚者，枝干树皮冻裂，汁液外溢，整株茶树死亡。

冻害致使余杭径山茶大量减产，清明之际难以上市。"曾经，东京汴梁与余杭相距几百公里，径山茶都能及时呈贡；而今余杭近在咫尺，但奈何天公不作美。"赵构想到宋徽宗曾著《大观茶论》，心中五味杂陈。

是时，户部侍郎梁汝嘉兼知临安府，获悉上意后，便向赵构推荐西湖本地名茶，赵构欣然同意，并顺口吩咐道："你调查好榷茶诸事，计算茶课之损失，联系茶司马，掌握下秦、川和藩部的茶马互市的情况；再去看看草市和茶坊情状，茶农和居民受了什么影响。"梁汝

龙井

嘉领命而退。

西湖茶区即后来的龙井茶区，东濒西湖，南临钱江，三面群山环抱，既可吸纳南来的和风细雨，又能抵挡西北寒流的侵袭。

山间云雾缭绕，密林葱郁，适宜的土壤、温度、日照和雨水共同形成一个有益于茶叶生长的自然条件。相对于裸露于山峰的径山茶，这里的茶生长环境背风背冷，因此受到的低温冻害较轻。

西湖茶历史可追溯至前朝，陆羽在《茶经》中就有杭州天竺、灵隐二寺产茶的记载；北宋时期，西湖茶区已初步形成规模。赵构对西湖龙井已有耳闻。

不久，梁侍郎呈贡一些其中珍品，并报告皇帝："圣上不必为茶税忧心，余杭径山茶遭冻害之损失，西湖茶暂可弥补。请圣上品尝这'白云茶'，出自上天竺山最高之白云峰。"

绍兴五年春，阴风阵阵，雨雪霏霏，皇帝"驻跸行在"；西湖白云茶香四溢，似能安慰帝王北进之心愈发消减的愧疚。

《咸淳临安志》中记载："岁贡见《旧志》载，钱塘宝云庵产者名宝云茶，下天竺香林洞产者名香林茶，上天竺白云峰产者名白云茶。"此后，这以替补上场的西湖茶开始崭露头角，后以"西湖龙井"之名盛过易受冻灾的径山茶。

达官贵人品尝之后，都觉得非常好，沁人心脾、妙不可言。西湖龙井茶逐渐成为上至显贵、下至黎民日常生活中的必备之物，馈赠亲友、联络感情的重要礼品。

笔者自诩阅茶无数，20年前偶然亲历西湖龙井茶的原产地，品尝当地茶农斟泡的新茶。西湖龙井新茶不仅香飘四溢，而且余香留杯，如同好酒酒杯有余香。笔者深为陶醉，窃想千百年来独特的防灾地理环境是造就这好景好茶的原因之一。

第五章

保国征战伴蝗灾

开禧三年（1207），夏秋旱，大蝗群飞蔽天。先是，浙西郡县首种不入，或种豆粟，皆既于蝗。——《文献通考》卷三百十四《物异考二十》

崇祯十五年（1642），旱，飞蝗集地数寸，草木呼吸皆尽，岁浸，饥民强半饿死。——《民国杭州府志》卷八十四《祥异三》

北伐中的蝗灾

绍兴三十二年（1162），宋高宗赵构自建康回到临安。临安仲夏，山水曾谙，风月关情。五月二十八日，皇帝有旨，立建王赵玮为皇太子，改名赵昚。六月初，宋高宗以"老且病，久欲闲退"为由禅位于赵昚。

赵昚即位后，宗正少卿史浩便积极支持为岳飞父子平反昭雪。七月，新帝下诏，追复岳飞和岳云的官爵，依官礼改葬，赦还岳飞被流放的家属，发还岳飞原有的田宅；逐渐为被贬谪和罢免的主战派大臣平反复官；召主战派老将张浚入朝，嘱托道"久闻公名，今朝廷所恃惟公"，共商恢复河山大计；剥夺秦桧的官爵，削弱朝廷中的主和派力量。同时史浩还推荐了一批有识之士，其中包含直斥秦桧而名满天下的主战派胡铨、枢密院编修官陆游等人。随后赵昚改元"隆兴"，意欲北伐。

隆兴元年（1163）五月，赵昚任命张浚为北伐主帅，展开隆兴北伐。但此时史浩却秉持异议，反对轻举妄动恢复中原，甚至同虞允文、张浚等主战代表在殿上辩论。赵昚就此罢免了史浩，支持张浚出兵。

宋军于一月之内恢复淮河以北的灵璧、宿州等地，威慑中原。然而，令人意外的是，"七月，大蝗。八月壬申、癸酉，飞蝗过都，蔽天日。徽、宣、湖三州及浙东郡县，害稼。京东大蝗，襄、随尤甚，民为乏食。二年夏，余杭县蝗"。

听闻这一消息，赵昚暗自焦虑："难道是平反岳飞忤逆太上皇之意愿，抑或北伐中原穷兵黩武，招致天意惩罚吗？"即位之前，赵昚几易名字，战战兢兢，勤奋学习，恪守孝道，如今反对太上皇定下的政策，以古人的伦理观，他觉得这明显是有违孝道的。

但赵昚转念一想："然而，为忠良洗刷冤屈，收复失地安我家邦又有何不对？去年夏天，余杭、钱塘和杭州城内就已有飞蝗遮天，声如风雨，所过之处寸草不留，如此已然给了金国喘息之机。"

连年的蝗灾、凋敝的农业似乎令赵昚北伐之心迟疑了，他避殿减膳，引咎罪己，同时下诏免除税赋，让群臣大胆进言，革除宿弊。

北伐中原在取得宿州等地的阶段性胜利后，宋军竟又一次出现主将不和，军心涣散的情况。"符离之败"后，张浚自劾，同年病逝。而赵昚因蝗灾命令群臣进言时政得失，使得昔日的主和派有了借口，群起攻击张浚北伐误国，力主议和。赵昚自此对北伐态度犹豫不决。

隆兴二年（1164）五六月间，余杭等地再次发生严重蝗灾。蝗虫铺天盖地，飞越临都上空时遮蔽日光，浙东各郡县和徽州、宣州、湖州三地庄稼损失惨重，官府不得不下令捕蝗。这年冬天，浙东、浙西两路都出奇地发生了严重瘟疫。

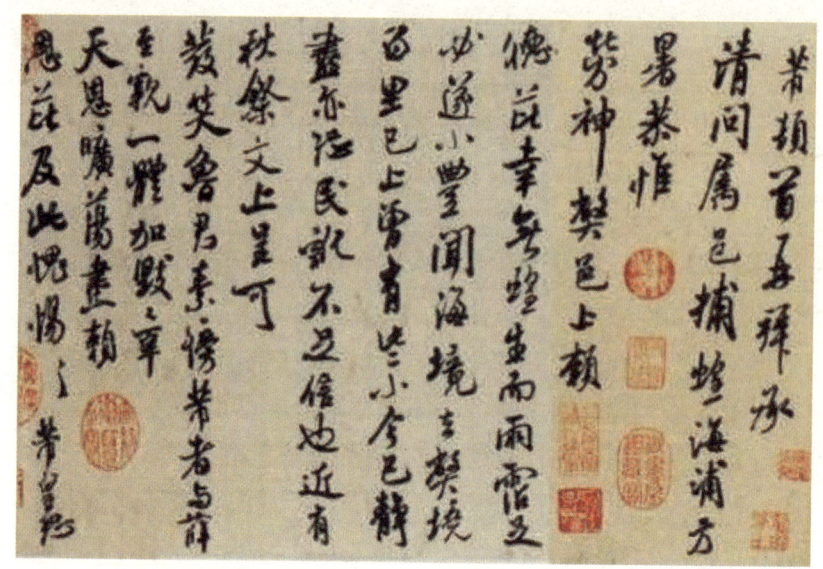

捕蝗帖

日益严峻的蝗灾、寅吃卯粮的困境、入不敷出的国库和北伐中原的失败,几乎压垮了赵昚对北伐中原的信心。于是赵昚下"罪己诏"做深刻检讨,罢黜主战派,任用妥协派,派人与金国议和。隆兴二年(1164)十二月,在金朝大军胁迫下,双方达成和议,史称"隆兴和议",又名"乾道之盟"。这是继绍兴和议之后,南宋与金国订立的第二个屈辱和约。在这个和约中,宋朝皇帝的辈分被降了一辈,对金国皇帝改称臣为称侄,改"岁贡"称"岁币"。

赵昚本想北伐中原、一洗耻辱,而隆兴和议却给他和南宋带来更大的耻辱。如今,朝臣结党营私相互倾轧,蝗灾和水旱灾害激化社会矛盾,乡民流离失所,农民叛乱四起,政权已处于风雨飘摇之中。

赵昚明白北伐中原一时无望,便把主要精力放在了内政治理上。他开始积极整顿吏治,裁汰冗官,惩治贪污,加强集权，重视农业生产，一番整治之后，出现了南宋历史少有的小康治世，史称"乾淳之治"。

淳熙九年（1182），赵昚参考宋神宗《熙宁诏》，颁布了《淳熙敕》。敕书总结了当时行之有效的捕蝗方法。

当时捕蝗方法主要有：治蝗须地方官员及乡绅亲自督捕的规定；钱米易蝗的标准；复查治蝗及其上报的说明；治理过程中赔偿与免税问题；各级官员治蝗权责以及对隐瞒不报和治蝗不力官员给予处置；等等。

淳熙十四年（1187），太上皇赵构崩于德寿宫，赵昚闻讯后失声痛哭，并借口守孝服丧三年，命太子赵惇监国。两年后，赵昚禅位于赵惇，自称太上皇，闲居慈福宫，后改名重华宫。

或者是内有连年蝗灾、民不聊生的困顿，外有"遗民泪尽胡尘里，南望王师又一年"的压力，最终使得赵昚年轻时那份收拾河山的进取心逐渐消失。绍熙五年（1194），赵昚在重华殿逝世，庙号"孝"。

食蝗和捕蝗

蝗虫，俗称"蚂蚱"，善于飞行和腾挪跳跃。全世界有超过一万种蝗虫，分布于热带、温带的草地和沙漠地区。我国有一千多种，常见的有东亚飞蝗、亚洲飞蝗和西藏飞蝗三种，其中东亚飞蝗是造成我国蝗灾的最主要飞蝗种类。

蝗虫夜伏昼出，没有明显的趋光性。当飞蝗幼虫密度大时，由于相互感觉而形成条件反射，加剧活动，幼蝗容易形成群聚、静伏、拥挤，然后向某一方向跳跃群迁。蝗虫危害的特点在于周期性的种群大爆发，并能长距离迁飞。

在温暖潮湿的古代杭州一带，也经常发生蝗灾，这是为什么呢？

我国著名气象学家、浙江大学原校长竺可桢先生曾考证，12世纪初期，我国进入南宋时代，这时气候变冷加剧，曾出现过极端低温天气。干冷的西北内陆气流，使得北方地区水草枯竭，牛羊冻饿而死，于是，北方游牧民族纵马南下抢夺食物。加上飞蝗遮天蔽日南迁江南，它们的虫卵在相对高温的江南，更加容易越冬和出卵，导致翌年加倍的蝗灾。飞蝗所过之处，寸草不留，逼得有些饥民只得扑蝗而食。

纵观整个南宋王朝，蝗灾与旱灾紧密相连，或连续两三年接连出现，或间隔三五年爆发一次，宋宁宗赵扩一朝尤甚。庆元元年至庆元三年（1195—1197）的3年里，包括临安在内的浙江境内连续出现蝗灾。间隔2年之后，庆元六年（1200），蝗灾又起，并且又是连续3年出现，直到嘉泰二年（1202）方才绝迹。

然而4年之后，从开禧二年（1206）直到嘉定三年（1210），又爆发了连续5年的蝗灾，其中以开禧三年（1207）的蝗灾最为严重，其时"大蝗群飞蔽日，豆粟食尽……集地厚五寸，禾稼一空，继食草木亦尽"。《宋史全文》《续资治通鉴·宋纪》《文献通考·物异考二十》和杭州等地的府县志中均有记载。

蝗灾发生时，临安官员想尽办法，甚至提出"捕蝗而食"。争论中，须发皆白的史官说出一个故事："唐太宗贞观二年（628），京城长安大旱，蝗虫四起。唐太宗进园子察看庄稼长势，见禾苗上有蝗虫，便捉了几只诅咒道：'百姓把粮食当作身家性命，而你吃了它，这对百姓有害。如果是百姓有罪而遭天罚，那也罪在我一人；你如果真的有灵，就吃我了的心吧，不要再害百姓了。'说着便要将蝗虫生吞下咽，围在身边的文武大臣赶忙劝阻，担心皇帝吃了蝗虫会中毒生病。唐太宗却说道：'我真希望它把给百姓的灾难移给我一个人。'说完张口吞下。"

旁边青年进士目瞪口呆："此事可有出处？果真如此？"

史官说:"据说从此蝗虫不再成灾。此事出自唐代史学家吴兢撰写的《贞观政要》。姑且不论唐太宗吃蝗之事的真假,但此举无疑塑造出一个甘愿为百姓承担责任、决心消灭蝗虫的良好形象。"

周围官员议论纷纷:"若让官员百姓捕蝗而食,不仅困难,而且杯水车薪,蝗虫铺天盖地,可能还要想其他办法治理蝗虫。"

于是大家开始琢磨各种治理蝗虫的办法和政策,由此出现不少故事,也不乏有效治理办法。

嘉定七年(1214),永嘉(今温州)城外水心村。董煟向水心先生叶适请辞。曾几何时,叶适赠《题瑞安宰董煟出苏黄二帖后》,劝勉董煟:"君以材名受举,治剧县,方当忍事爱民,终成美绩。"然而,董煟终究未能做到"忍事",得罪了上司,遭到弹劾,任职未满便要离职。

可令叶适仍然欣慰的是,"爱民"一事,董煟确确实实做到了,一部《救荒活民书》,是"常怀拯世之心,妄意苏民之事"。

"董兄的《救荒活民书》,如今堪誉'天下第一书'。此书记述捕蝗技巧,治蝗法规,在下未见于他书,凡此种种,于国于民,大有裨益。自庆元来,江南一带蝗灾频发,董兄可否将此目书稿赠与在下。"说着,叶适起身,向董煟拱手致礼。

"先生免礼。"董煟亦起身,还礼与叶适,随即说道,"先生客气了。愚兄作此书,本就为救荒济民,先生若愿意刊印推广,愚兄亦求之不得。"

捕蝗要诀

　　《救荒活民书》的捕蝗一目，记述了世界上最早的治蝗法规，总结了当时行之有效的7条捕捉蝗虫方法，在杭州等地投入实践，对杭州乃至江南地区的治蝗产生深远影响。

　　宋理宗时期，一篇《蝗虫辞》广为流传。其作者是一为名不见经传的小官吏孙因，宝庆二年（1226）进士。《蝗虫辞》开篇道：

　　　　开禧三年孟冬，孙子行野中，见有伐鼓举烽者。意其捕寇而即戎。就而问焉，则尽田间之老农也。得物，状甚怪：喙刚而镴，目怒而黔；或振其股，或掀其髯；羽翼未成，已学飞舞；两腋之下，可达一缕。余异其状，问于田父。田父愀然曰："子识今秋飞蝗之状乎？此其子孙，而彼其祖父也。官命我辈捕之。"余曰："蝗何负于官而见捕乎？"田父仰天泣涕曰："是害我稻黍者也，王法之所不恕。始吾小人谓为瑞物也，炷香而祝其来。既来矣，则田之毛发，化而为黄埃，然后知其为灾。"

唐朝名相姚崇曾主持官府捕蝗治灾。至宋朝，官府由督民捕蝗逐渐转变为募民捕蝗，一方面通过以粮换蝗、减免赋税等方式调动老百姓的积极性，另一方面以工代赈减轻朝廷负担。因此，宋代捕蝗一事可分为三级：首先由中央朝廷和地方官府主持领导，承担开仓赈济、巡查灾情等责任；其次由里正、保长等乡村行政组织联系乡里百姓，辅助救济灾民；最后，民间宗族、义庄以及临时参与救灾的群众等作为捕杀蝗虫的重要力量。

《宋史·五行志》中记载，宋宁宗"嘉定……七年（1214）六月，浙郡蝗。八年（1215）四月，飞蝗越淮而南。江、淮郡蝗，食禾苗、山林草木皆尽。乙卯，飞蝗入畿县。己亥，祭酺，令郡有蝗者如式以祭。自夏徂秋，诸道捕蝗者以千百石计，饥民竞捕，官出粟易之。九年（1216）五月，浙东蝗。丁巳，令郡国酺祭。是岁，荐饥，官以粟易蝗者千百斛"。

尽管连年蝗灾，但南宋官民合作捕蝗治灾的策略取得了一定效果，有效避免了百姓因饥生乱，稳定了南宋余晖下最后的社会秩序。

起身蝗灾　殉国杭州

明崇祯八年（1635），连年的干旱导致了蝗虫的大量出现。崇祯十三年到十七年（1640—1644），出现了历史上罕见的、全国范围的连续5年大旱，面积3000多平方公里的太湖居然枯竭，其中崇祯十五年（1642）的全省大旱，使湖州出现了"人相食，村落丘墟"的惨状。

大明王朝所处的年代，正是全球气候变冷的时期。太湖曾经几度干涸，海南岛曾经天降大雪，气候变化导致的多种异常天气，以及由异常天气引发的自然灾害和生态灾害，反复地冲击着这个王朝。

在明王朝的276年里，各种灾害竟达1000多次，其中灾害最多的水灾有196次，旱灾174次，蝗灾94次，此外还有严寒、狂风、暴雪、疫灾等灾害交织发生，因自然灾害死亡的人数超过了6274万人，平均每年22万人。比如，从嘉靖十八年到二十四年（1539—1545）的7年间，浙江省内各地连续出现大旱，使绍兴这个历来有名的水乡泽国，"湖尽涸为赤地"，使钱塘江"江面十八里，今一线之水"。

个别地区连续几年发生旱灾的现象层出不穷，例如，万历十五年到十八年（1587—1590），金华地区连续大旱4年，万历三十三年到三十七年（1605—1609），台州和松阳两地连续5年大旱。杭州地区也遭受到蝗虫等各类灾害，杭州民众亦遭受极大损失。

明王朝崇祯帝朱由检即位之初，全国大部地区气温骤然降低，低温贯穿了他整个皇帝生涯。而北方的女真人早在万历年间日子就愈发难过起来，冰天雪地，北风怒号，牛羊病冻而死。努尔哈赤窥测大明王朝"内讧"严重，府库空虚，于是举兵南下。

崇祯十五年（1642），已经连续近十年的蝗虫又一次如期而至。其时，飞蝗集地数寸，所集之处，草木皆尽，颗粒尽无，饿殍遍野。

这一年，蝗灾严重之际，22岁的浙江鄞县（今宁波市鄞州区）人张煌言秋闱中举，由此开启了他短暂的倥偬人生。

自清顺治二年（1645年，南明弘光元年、隆武元年），清摄政王多尔衮领兵一路南下，南明弘光帝、隆武帝相继被俘杀害，张煌言受命于危难之时，担任南明兵部尚书，起兵抗清。至康熙三年（1664），南明末代皇帝朱由榔、监国鲁王和郑成功等人相继死去，张煌言见大势已去，于南田悬嶴岛（今浙江象山南）解散义军后被俘，20年的战斗生涯忠肃孤勇。

同年九月，张煌言于杭州弼教坊就义，年仅45岁，"煌言死而明亡"。他死后葬于南屏山北麓荔枝峰下，成为与岳飞、于谦一同安葬在杭州的第三位英雄，后人称他们为"西湖三杰"。

值得注意的是，自 1645 年这一年起，杭州连续多年的严重蝗灾，在史料典籍中逐渐减少，偶见零星记载，灾情也是较为轻缓，此后蝗灾逐渐淡出人们的视野。

第六章 疫灾中的人文关怀

绍兴十六年（1146）夏，行都疫……乾道元年（1165），行都及绍兴府饥，民大疫，浙东、西亦如之。——《宋史》卷六十二《五行志第十五》

同治十二年（1873）五月，雷震余杭县署。照墙通济、桥城楼雨血。夏亢旱……光绪元年（1875），杭州府属自夏徂秋，水旱相继，风雹虫螟伤稼……二年，余杭、於潜县水，余杭南湖堤圮。——《民国杭州府志》卷八十五《祥异四》

防疫创立临时病坊

宋哲宗元祐四年（1089），苏轼以龙图阁学士出任杭州知州，这是苏轼第二次赴杭州为官。十八年前，苏轼刚刚结束三年丁忧，一回到中央便议论新法，被弹劾后便自请出京，被授杭州通判。

杭州通判任上，苏轼写下不少赞美杭州与西湖的诗文，其中"欲把西湖比西子，淡妆浓抹总相宜"，"遂成西湖定评"。然而二十年过去，苏轼在朝堂中却仍是"异见分子"，终不为掌权派所容，便又请求出任地方官，这次做杭州知州，意图为杭州做些实事。

然而，当这一次苏轼回到他念念不忘的西湖时，却只见湖面淤塞填堵，杂草丛生，水光潋滟早已不在，山色空蒙已非往昔。

苏轼到任杭州治理西湖的这几年，杭州大旱，庄稼颗粒无收，百姓衣食无着，生计艰难。

更麻烦的是，祸不单行，瘟疫流行紧随其后，百姓的生活雪上加霜。苏轼只得暂且搁置水利项目，全力抗击疫情，紧急动员，治理瘟疫。

瘟疫是古代对大范围致死性传染病的总称，通常包括伤寒、天花、麻风病、肺结核和鼠疫等多种传染病，它们具有强烈的传染性和流行性，死亡率较高。

北宋时期，官府面对瘟疫，一般会采取如下几点措施：一是派得力大臣赴疫区检视，掌握疫情，财政下拨银两，购买药品发放疫民；二是建立官办药局采购药品，防止哄抬药价；三是在疫区驻军中设"驻泊医官"，建立军民联防体系。如果上述措施难以奏效，便只有最后一项最无奈的举措：外迁居民。

当时的杭州城中，到处都是求医问药的穷苦百姓，有的无良药铺囤积居奇、抬高药价，大发瘟疫财。同时，官府也缺少公共医疗设施，且由驻泊医官制度引起卖官鬻爵的腐败在地方官僚制度中积弊已久。

面对来势汹汹的瘟疫和艰难现实，作为地方高级官员，苏轼第一时间向皇帝上书报告灾情，请求支援。在他的强烈呼吁下，宋哲宗反应相当及时，朝廷拨出二十万石大米救济灾民，且免去了两浙路部分税赋。

苏轼判断，杭州是水陆之会，人员流动多而杂，疫情将比其他地方严重。因此苏轼打出一套"组合拳"：物资统筹、免费医疗以及隔离病患。一方面有必要创办一家能有效掌控的收治病人的地方，但这需要时间筹集大量资金；另一方面，疫情之下人命关天，当务之急是迅速将药品散发到老百姓手中，且粮食救济万不能断。

于是苏轼一边变卖家产，号召地方豪强捐款；一边紧急组织了一批懂得医术的僧人，制作防疫药材。

苏轼作为文化大咖，爱好丰富，对医药学也是兴趣颇深，不仅与医药学家们交游甚厚，也非常喜欢阅读医书，游宦生涯中常常收集药方并写入杂著中。

这里就有关于获得药方的轶事。苏轼被贬到黄州做团练副使的第二年，生计艰难，穷到连好友马正卿这一位"穷士"都看不下去了。于是马正卿向黄州府求得黄州城东门外"故营地"五十亩给苏轼耕种，这地即"东坡"，苏轼也从此自号"东坡居士"。

后来，苏轼建造了一处厅堂，落成之日天降瑞雪，便将正屋取名叫雪堂，苏轼还著有《雪堂记》。一日，苏轼的眉州老乡巢谷先生来雪堂做客："东坡居士，你说黄州好猪肉，今天我要在你这里尝一尝。"

苏轼摇着羽扇回答说："元修兄从江阳（今泸州）过来，竟没有带来佳酿吗？"

巢谷得意地答道："怎能没有酒，还有在秦凤、泾原的故事呢。"

苏轼笑道："好，这肉待它自熟，你我把酒言欢。"

待二人酒至半酣时，巢谷故作神秘地说："我呀，得到一副秘方，乃是异士所传，中原医书可记录。专治伤寒病症，无论轻重，只要喝上一副，定能药到病除。"

听到这话，苏轼产生了极大的好奇："什么秘方，元修兄叫我看看吧。"

"不可不可，就是我亲生儿子我也不能给看。"巢谷道。

苏轼听到有秘方，酒便醒了一半，于是开始软磨硬泡："元修兄，你我从小相识，彼此信任，更是可托付的人，你这秘方叫我看一下吧……彦若（王彦若）和安常（庞安时）那里也有不少好方子，明目清肝，益气固本，延年益寿……"

终于，在苏轼百般恳求下，巢谷终于答应把药方给他。在传方之前，巢谷特意把苏轼叫到江边，说："此方唤为'圣散子'，东坡兄你指江水为盟，绝不外传。""好。"苏轼回答说。

但是，苏轼作为地方官吏，勤政爱民，当看到百姓有难，就暂时违背了对友人的诺言。不久，黄州时疫，苏轼便将这"圣散子"的秘方拿出，依方配药，发于百姓，救活了很多人。

如今杭州有难，苏轼自然想到这个秘方，只是这次他更谨慎，在不知此方此次是否对症、疗效如何时，苏轼找到几位患者请求试药，并与其陈明利害："诸位义士，此药方是在下早年从友人处获悉，未证其验，今日诸位勇于试药，此番舍身，苏某感激不尽。"

之后苏轼按照方子亲自熬制，先行试吃，并在病人中找出数位进行试用。在看到大家病情转好后，苏轼自费购买了大批药材，迅速组织了一批懂得医术的僧人制作防疫药物，命人在街头架起大锅熬煎"圣散子"，过往行人"不问老少良贱，各服一大盏"，甚至官吏带着药物走街串巷，为民治病。

据说"圣散子"这一药方"用药出奇，至于救急，其验特异"，病情严重者"连饮数剂，即汗出气通，饮食稍进，神守完复"，病情轻微者更是药到病除，即使"平居无疾,能空腹一服,则饮食倍常,百疾不生",有预防疾病的良好功效。更重要的是所用药材价格低廉,"皆中下品药,略计每千钱即得千服",非常便于在普通民众中推广。

〔南宋〕李唐《灸艾图》

在"圣散子"发挥作用的同时，瘟疫迅猛的流行性和杭州四通八达的交通使苏轼意识到，必须将病人集中隔离治疗。苏轼随即拨出二千贯公款，并捐出自己的积蓄，同时号召本地士绅豪强出钱出力，在杭州众安桥边"作病坊，稍蓄钱粮以待之，名曰安乐"。安乐坊集中定点医治病患，防止交叉传染，再加上其他一些临时病坊，有效遏制了瘟疫扩散。

苏轼在杭州殚精竭虑，为民谋利。不仅救助了杭州百姓，使得当时的瘟疫迅速得到遏制，而且为其他地方的瘟疫治理提供了样板和经验。所以再有严重瘟疫出现时，类似苏轼的做法便可以救急和应用，这对朝廷和黎民百姓都是莫大的好事。

苏轼创立临时病坊也堪称创举。

苏轼鞠躬尽瘁，帮助杭州地区的百姓从疫病的折磨与死亡的阴影中走出来。终于瘟疫消弭，杭州百姓的爱戴也不负他这句"居杭积五岁，自意本杭人"。

临时的病坊虽然与设置仓储制度的构思类似，但是苏轼并不满足于"头痛医头，脚痛医脚"般的应急，而是希望从长远的角度考虑，系统性地解决老百姓的看病难问题。

据《乾道临安志》《元丰九域志》，北宋中期杭州主客户总数基本维持在20万上下，一般认为宋代户均人口数为5—6人，据此推断，苏东坡任知州时杭州的人口至少有100万，但病坊却屈指可数。

凡事预则立，不预则废，苏轼认为医疗行业也应该未雨绸缪。他说："杭州是大运河的终点，是水陆交通枢纽，人口稠密，客商往来频繁，因此，与其他地方相比，疾病更容易传播，而且传播得更为迅速，每年因病而死的人也比别处多。理应由官府主导，创立一所方便百姓看病的病坊。"

苏轼还请来懂医术的僧人坐堂诊治，对于医术高明、医德高尚的僧人，根据其贡献大小呈报朝廷申请奖励。

之所以请僧人坐堂诊治，一是因为僧人主动要求积德行善，二是当时的寺庙为官府主办，僧人特殊条件下有死罪豁免权，因而可保证遇到病人紧急情况时，僧人能一心一意实施抢救而无退却迟疑之心。

这一次的杭州抗疫，"圣散子"疗效不错，安乐坊隔离有力，不仅救人无数，还有效阻止了疫情的扩散。南宋李焘在《续资治通鉴长编》中记载："作饘粥，药饵，遣吏挟医，分方治病，活者甚众。"

此后"圣散子"名声大噪，苏轼还专门写有《圣散子叙》和《圣散子后叙》，并且将它推介给在外地做官的苏辙。苏辙利用该方治愈了南京（今河南商丘）、筠州（今江西高安）一带流行的疫病。

此外，苏轼还将此方传给曾为他医治病痛的名医庞安时，庞安时将此方写入了他的著作《伤寒总病论》中，这副药方后被收入官修医学方书《太平惠民和剂局方》，流传后世。

为了让安乐坊能够持续运营，苏轼还为它安排了固定的经费，甚至在离开杭州后，仍然为这所病坊捐钱。这所病坊后来搬到西湖边，改名为"安济坊"，存续多年。

崇宁元年（1102），宋徽宗认为"治病良法，仁政先务"，下诏在各地建立安济坊，安济坊正式纳入官办慈善医疗体系。

安济坊规定以病人轻重而异室处之，以防交叉感染，还建立了独立的厨舍，要求居室、厨舍、汤药、饮食等分别置办。安济坊实际上成为官府隔离病人的医院，这是宋代在隔离传染病人方面取得的重大成就。

北宋一朝，中医在发展中已经累积了不少经验，官方的医政管理较为清明，医药学家的学术氛围良好，知识分子具有忧国忧民的情怀，群众对疫病也具有一定的认知，自上而下的社会整体基本都能以积极的、主动的姿态来应对防疫问题，这为公共防疫奠定了基础。

祸不单行出疫情

瘟疫形成的原因，既有自然因素，也有社会因素。自然因素包括气候反常，如严重的旱灾、水灾、震灾、火灾、蝗灾等，这些都可引发瘟疫大流行。史料文献中常用"旱疫""水疫""震疫""火疫""饥疫"等语言来描述瘟疫的形成原因。社会因素包括战争、环境公害等事件。

中国历史上曾发生过几次著名的大瘟疫，其中东汉末年的大瘟疫可以说是持续时间最长的一次。在这场瘟疫中，纷乱多年的各国都受到不同程度的影响，可谓民不聊生，饿殍遍野，无论是诸葛亮北伐、孙权伐魏，还是曹操的南征北战，都受到了疫情的影响。这场持续了近两百年的大瘟疫，直到魏晋末期才逐渐消失。

而在东汉末年这场瘟疫发生的时代，杭州还是个钱唐小县，大部分地区沼泽一片，人口稀少，府县志上并没有查到有关这场瘟疫的记录。

唐代史料中，有关瘟疫的记载始于贞观十年（636），终于大顺二年（891），这255年中一共发生21次瘟疫，平均12年一次。

第六章 疫灾中的人文关怀

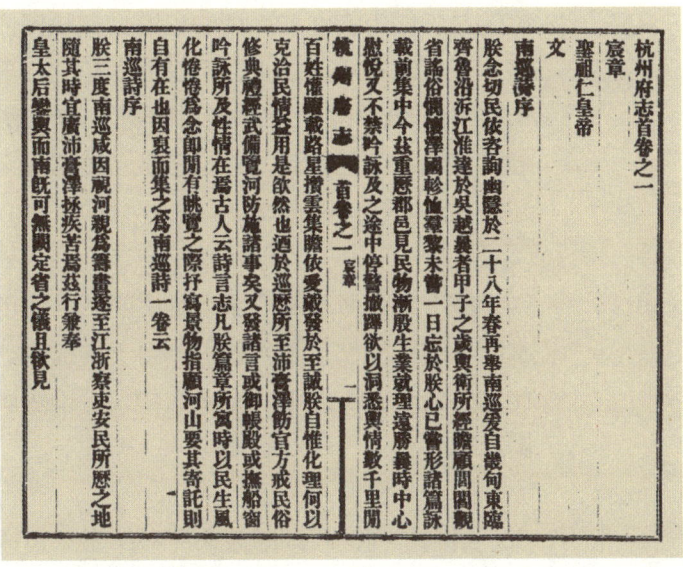

《民国杭州府志》书影

在《民国杭州府志》中，这 255 年杭州记录有 5 次较大的瘟疫。

至宋代，城市化程度显著提高，坊市分离制度逐渐崩溃，没有了商业区和居住区明显界限，市民纷纷面街而居，或开铺经营，或沿街叫卖，呈现出"坊市混一"的城市格局。

城市内建筑密集、排污不畅、水源污染、垃圾堆积、人群拥挤、流民众多，使得城市公共卫生环境日渐恶化，导致城市内容易发生瘟疫，并产生蔓延趋势。两宋的 319 年中，较大的瘟疫有 51 次，大约每 6 年就有一次。

南宋时期的临安府，建筑更见稠密，大街小巷，屋宇相连，在一些繁华路段，肆意侵占街道建筑屋宅，任意搭棚摆摊，占道经营的现象更为突出，不仅影响市容，堵塞交通，有的时候还成为引起火灾的潜在因素。更严重的是，城市的河渠、湖泊也遭到非法侵占，有的人家将住宅构筑在水面之上，不仅堵塞航道，更加重了对城市水资源的破坏。此外，城市中还居住着为数众多的权贵，他们过着奢靡的生活，醉心于亭台楼榭等亲水景观的构建，不断损耗有限的城市水源。

城市内的河流湖泊原本是重要的生活用水乃至饮用水源，却往往被少数人独占，用于种植菱、藕等水生农作物，粪土被作为肥料施入水中，污染水质，成为市民健康的杀手。

绍兴年间，西湖即遭人污秽，皇家也成了受害者，引得宋高宗一番怒斥。此外，南宋时期，临安出现了众多的茶馆、酒楼、浴池、瓦舍、勾栏等公共场所，使得疫病更容易在这些地方快速传播，往返各地的商旅也时常光顾这些地方，从而将病菌由此流传他处。

愈是繁华的城市，其暴发瘟疫的频率就愈高，因而南宋时期是中国古代史上疫灾的一个相对高发期。

在道教的众神中，有一个分支即是瘟神。瘟神最早被称之为瘟鬼，这个称呼可以追溯到汉代。东汉就有"五瘟鬼"的信仰，按照五方，分别用青、红、黄、白、黑五种颜色来命名。

道教所信奉的瘟神，始于隋唐，宋代信奉之人也十分众多。由此可见，瘟神的势力庞大，这也反映了古人对瘟疫的恐惧。

初秋时节瘟疫在临安地区蔓延开来。中秋节期间人们的频繁走动，让瘟疫的传播加速。

第六章 疫灾中的人文关怀

"三叔,您好点了吗?"侄儿来看望躺在床上的杭老伯。杭老伯无奈地摇了摇头。

"节前还好好的呢,怎么突然就这样了呢?感觉瘦了两圈。"侄儿焦急地说道。

"前几天精神就不太好,这两日越发严重了,一直是上吐下泻的,什么也吃不下去。"

杭三婶向侄儿说道:"浑身上下一点力气也没有,如厕也得让人搀着,这是得了什么病啊!"

杭三婶压低了声音又说:"莫非被瘟神盯上了?"

"三婶儿您可别乱说,我叔虽然年过花甲,但还壮实着哩,瘟神可不盯他。"侄儿赶忙小声回道。

"郎中也请了两三个,药也抓了三四服,但总是吃不下去。"杭三婶眉头紧皱。

"这样吧,我去城里找找,看看有没有能医治这个病的郎中。"侄儿转身对杭老伯说道,"三叔,我去城里给您请郎中,您先歇着吧。"

一大早,州衙左近的安和堂外就排起了长长的队伍。"安和堂也开始施粥了吗?但也没见门口架着锅呀!"

侄儿满腹狐疑:"敢问小哥,安和堂今天怎么这么多人排队啊?"

"唉!都是来看郎中的。您是城外来的吧,大概两天前吧,我家老爷子就有点不舒服,上吐下泻的,找了几个郎中，有的说是吃坏了东西导致肠胃不适，有的说是天气变凉，染了风寒，有的说可能是遭了瘟病。吃了几服药也不见好，今天来这里再找安和堂的郎中看看有没有什么好办法。"小哥说道。

"唉！我家老爷子情况也差不多，"前边一个中年男子接过话来，"没准儿真是瘟神来了。"

侄儿听后心里七上八下的，心想，不会真让三婶说中了吧。正思忖间，一个熟悉的声音打断了他的思路。

"你什么时候来城里的？"医官远远地看见了队伍最末端的侄儿。

侄儿赶忙走到近前作了个揖，道："给大人施礼了！我刚到这里没一会儿，三叔病了，我来找郎中呢，没成想这么多人。"

"是吗？严重吗？都有什么症状啊？"医官关切地问道。

侄儿把情况详细诉说了一遍。医官走到安和堂门口作揖道："大家好啊！我是医官。"大家赶忙回礼。

医官道："大家免礼啦！请问你们当中有多少是因为上吐下泻来开方抓药的？"

人群中十之八九皆因此而来，医官心想："最担心的瘟疫还是来了。"面对此种情形，医官赶忙组织了一批懂得医术的僧人，制作防疫药材，在官吏的带领下走街串巷，为民治病。

这样官方帮助民众治疗疫病的故事，在杭州历史上数不胜数。

在南宋的 152 年间，前期高宗执政的几十年是一个疫病相对高发的阶段，随后在孝宗年中期稍微有所回落。孝宗末年至光宗即位开始，瘟疫发生的频率迅速攀升，至宁宗嘉定年中期达到南宋疫灾发生的高峰时段。南宋后期的 50 多年，瘟疫发生呈下降趋势。

从史料分析来看，夏季是发生疫灾的最主要的季节，将近半数的疫灾发生或流行在这一时期；在春末、秋初时节，尽管疫灾也较流行，但整个春、秋季所发疫灾的数量明显地少于夏季；冬季发疫灾的数量明显减少。

为治理疫情导致的灾荒，宋代出现《救荒活民书》。

明代是干旱等自然灾害的高发生期，由此引发旱疫较多。据《明史》记载，从 1408—1643 年的 236 年间，发生大瘟疫 19 次。

明代中期以后，中国进入了一个空前少雨的年代，多次出现全国性的大旱灾。万历、崇祯年间，旱灾愈发频繁，大旱之年的瘟疫发生率也逐渐增加。

明末的大鼠疫，始于崇祯六年（1633）的山西，饥荒和战争引发大规模的流民，并随着李自成的农民起义军和清朝军队传到更多的地区。

根据《民国杭州府志》记载："崇祯十三年（1640）六月，大疫，十室而九。八月，旱，大饥……十四年……人饿且疫……十五年……秋，大饥，民多疫……杭城尤甚。"连年的瘟疫流行期间，干旱、洪涝、蝗灾又接踵而至，导致大范围饥荒，甚至父子、兄弟、夫妻相食现象时有出现。饥民们挣扎着、哀号着来到杭州城里，期冀得到救助，杭州城内死者枕藉，惨不忍睹。

清代，江南地区共发生瘟疫142次。其中，对杭州及江南地区影响最大的一次瘟疫，发生在太平军与清军在江南长期的拉锯战时。

早在1853年，在太平军击破江南、江北大营时，由于战斗惨烈，南京一带尸横遍野，两军都出现了众多的病死者，疫情已有显现。

战争严重破坏了农业生产和日常生活，大量的田地出现抛荒，米价攀升，甚至出现了"人相食，野无青草"的情况。频繁的战争也使得百姓流离失所，而这些难民的生活没有着落，沿途奔波，居无定所，卫生条件恶劣，这些都为瘟疫的发生提供了机会。军队和难民的流动，又使得瘟疫更快地传播到其他地区，最终演变成区域性的大瘟疫。

1860年，瘟疫逐渐扩散，在1862年达到高峰，并一直持续到1864年战争结束。这场瘟疫席卷了32个府县，苏南、浙北、皖南、上海都出现了疫情，人口锐减，个别地区甚至十不存一。《民国杭州府志》记载：

> 咸丰十年（1860）二月十九日杭城大雨……粤匪始至掠武林门外，二十七日城遂陷……十一年冬十二月，大雪兼旬，平地高五六尺，山中几数丈，居民避寇山中，无处觅食，饿毙无算。大疫……同治元年（1862）夏秋疫，时大兵之后，继以大疫，死亡枕藉，邑民几无孑遗……二年大疫……三年饥。

上述历史故事说明，疫情一方面是天灾，另一方面也有人的因素。治理疫情需要综合治理，就是从天人这两个方面入手。

第六章 疫灾中的人文关怀

外治环境　内有良方

在世界历史上，瘟疫的发生数不胜数，比如 2400 多年前的"雅典大瘟疫"、2 世纪中期发生的"安东尼瘟疫"、541 年爆发的"查士丁尼瘟疫"、1347 年流行的"欧洲黑死病"、灭绝印第安种族的"天花"、肆虐两个世纪的"黄热病"、19 世纪的"霍乱"、1918 年爆发的"西班牙大流感"，等等。

正如上节叙述，疫灾往往来自天与人。天灾主要为自然环境，包括人体自身环境，造成的疫情灾害，而人的因素主要是管理不力，人为造成疫情扩散。这节谈谈防止疫情灾害的故事。

我国殷商时期就有关于瘟疫的文字记载。我国古代防疫抗疫主要有以下五种方法：一是对病人进行隔离，切断传染源。二是在瘟疫爆发期间，官府施舍药物、组织医生集中治病。三是掩埋尸体，减少扩散。四是官府颁布推广简单的"方书"，提高防范意识。五是祈求神灵护佑等。

其中前四种方法，如今看来十分科学。尽管每种方法实施起来并不像今天这么严格，流程中存在不少漏洞，但在一定程度上能够缓解当时的疫情。

除这几项措施之外，历朝历代都有一些自己的特色贡献，比如坐堂诊治、佩戴、烧熏药物祛疫，重视水卫生，加强对环境的治理保护，等等。另外，明代大国医吴有性创立了瘟疫学说，领先西方世界200年；清代出现了余师愚、叶桂等瘟病大家。

杭州、苏州等地的社会力量积极地参与对瘟疫的防治。我国对瘟疫病人的隔离措施，源于隋唐时期，当时出现了收治麻风病人的"疠人坊"。唐朝，麻风病一度流行，一些寺院也被辟为疠人坊。宋朝对这项措施的实行最为健全彻底，比如元祐四年（1089），杭州建立安乐坊。

崇宁元年（1102），宋徽宗下诏在各地建立安济坊，这是宋代在隔离传染病人方面取得的最重大成就。安济坊配备有管理人员、病房和医生，并有病历表记载病人痊愈或死亡等情形。安济坊内还设有隔离病人的房间，以防传染，要求居室、厨舍、汤药、饮食等分别置办，安济坊实际上成为官府隔离病人的医院。

安济坊从建立时起，就受政府管理，由国家拨发每年所需的钱米医药。但推行安济坊也会遇到阻力，有时会遇到大臣与豪强反对。当时杭州出现过部分豪强不愿意自己利益受损，拒绝配合官方改善自己管辖的居住环境。宋徽宗遂命令监察御史到杭州调查。

董员外在杭州近郊养殖了很多牲畜，屠宰之后卖给官府。董员外只注重赚钱，不管造成的环境污染，饮用水质量下降。崇宁年间疫情又起，人畜共生加重了疫情。不改善这个环境，只会延迟他所在区域的疫情治理。董员外希望送些银两给来访的监察御史,不料遭到拒绝。

监察御史道:"我奉圣上旨意,调查居住环境和饮水受污染之事。身负皇恩,理当效命朝廷,解救黎民百姓。历代医书记载,瘟疫与自然环境不干净有关。不受污染,自然可以斩断疫情传播,很快治理好疫情。如果我收你银两,不仅破坏治理疫情大事,我的上报皇恩、下救黎民的思想,也会受到污染。万万不可!"

一番言语,弄得董员外面红耳赤:"在下愚钝,有辱尊听。这就回去主动整治污染,还当地百姓清澈用水。"

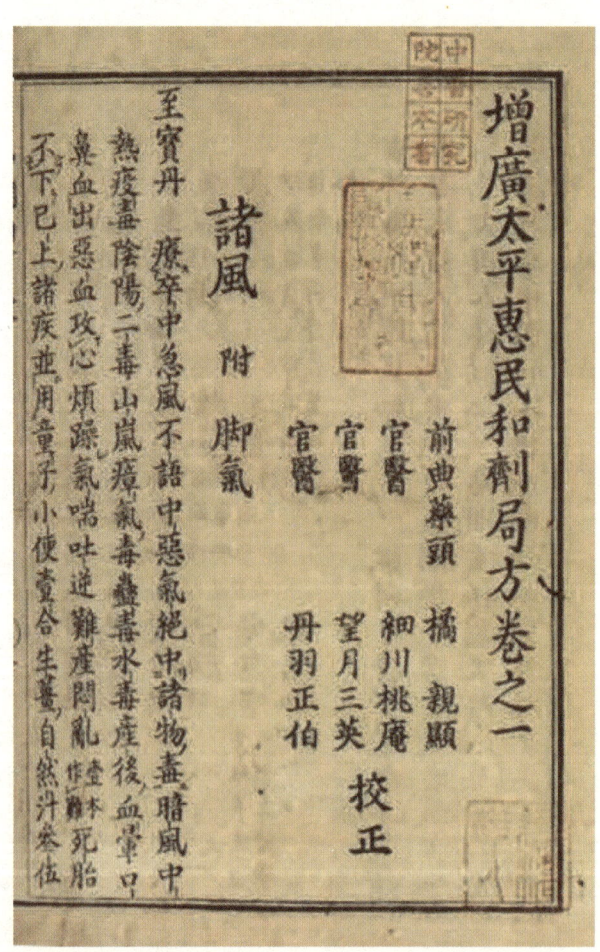

宋太平惠民和剂局编《太平惠民和剂局方》

监察御史道:"我也当奏明圣上,今后牲畜交易,应该远离水源,并做好防疫,以绝后患。"至此之后,杭州市区的饮用水环境得到改善,朝廷也进一步加强都城环境整治,为疫情好转作出贡献。

宋朝的中央医疗机构比较完备,设立有翰林医官院,还设置有太医院、惠民局、方剂局、药局等专门机构。药材由国家统一管理。

熙宁九年(1076),北宋首次设立官药局,也称熟药所、卖药所,从药材收购、检验、管理,到监督中成药的制作,都有专人负责。官药局不仅管理医药市场,还配有医生开方子治病,药价仅为民间的三分之一,大受百姓欢迎,效果非常好,这显然是惠民的大好事,政府索性将官药局改为医药惠民局,重点突出惠民。

几十年后,熟药所负责制药的业务又脱离出来,设立两处修合药所,作为专门炮制药物的作坊,生产和经营分开。每当瘟疫流行时,这些机构由政府调派,到民间散发药品,治疗疾病。

杭州的清河坊一带,自南宋开始一直到明清时期,都是中药制作的重地。清同治十三年(1874年),徽州商人胡雪岩在这里创办了胡庆余堂,遵循的就是宋代皇家药典《太平惠民和剂局方》,并去粗取精,再结合临床实践,制作丸、散、膏、丹、胶、露等数百种药品,名动天下。

第七章 地震杭州 士子浮沉

绍兴六年（1136）六月乙巳夜，地震，有声自西北如雷，余杭县为甚。——《文献通考》卷三百一《物异考七》

淳熙十二年（1185），五月庚寅，地震——《宋史》卷六十七《五行志第二十》

至元二十五年（1288），十月二十四日丙子夜，地大震，始如暴风驾海潮之声，自西南来，鸡犬皆鸣，窗户碟碟有声，屋瓦皆摇。十一月初九日庚辰又震。——《民国杭州府志》卷八十三《祥异二》

地震下诏　上书赈灾

相比中国古代水旱等自然灾害,地震在古代杭州地区典籍中记录较少。杭州区域大地构造处于扬子准地台钱塘台褶带,由于现代构造运动趋向缓和,地震活动微弱,地壳相当稳定。

或许正是因为地震的极少出现,加上那时的认知和科学水平局限,天人感应学说的盛行,大多百姓和帝王相信地震乃上天之惩罚。一旦发生地震,人们根据天人感应学说,把它与神或上天联系起来。

帝王们会认为这是自己的过错。有的皇帝下罪己诏自我检讨一番,有的则让大臣们检举帝王之过错,重新查勘冤案错案,制定减少税赋、大开粮仓等赈灾救济措施。

历史上,包括杭州在内的浙江省所发生的地震,只能算是一种异常的自然现象,而因地震造成灾害的比较少见。有学者认为,杭州最早的地震记录,大约始见于西晋与东晋之间,最早的有明确记录的,是发生在唐宣宗大中十三年(859)的分水(今桐庐县分水镇)3.5级地震。

比如明朝万历三十二年（1604）发生的一次地震，浙江全省都有震感，这是由福建泉州海外的强烈地震所引起的，也是浙江省有史以来最大的地震之一，但受灾最严重的县份，也不过如上虞、建德等县所记载的房屋有倾倒、墙屋有坏者而已。再比如清康熙七年（1668）山东莒县和郯城一带发生的大地震，也使浙江受到波及，湖州、长兴两县发生了"折屋、压死人民"的灾情。有学者统计，浙江省从公元288—1935年，共有地震356次，其中有破坏性的有11次。

南宋时期杭州的地震记录不多，明确称为"行都地震"的有5次，即严格意义上，南宋时杭州发生地震的次数为5次。

宋孝宗淳熙十二年（1185）五月，临安发生了一次地震。孝宗皇帝自然也是下诏"罪己"求直言。于是大诗人杨万里应诏，为孝宗皇帝建言献策。

杨万里的出生地是江西吉水县，宋代的江西可谓钟灵毓秀、人才辈出，晏殊、晏几道、欧阳修、王安石、黄庭坚、曾巩、朱熹等等，当然还有杨万里，为两宋朝廷贡献了许多诗人和政客。

青少年时期的杨万里，跟着父亲多处宦游。杨万里善诗文，其文兼擅众体有韩柳遗风，其诗素雅清欢有童趣，创立"诚斋体"，为世人尊为诗宗，在"中兴四大诗人"中独具特色。

绍兴二十年（1150），杨万里乡试中举，但第二年的临安会试落榜。又过了三年，26岁的杨万里再赴临安会试，这一年是科举大年，殿试中，杨万里终于进士及第。

年少入仕，意气风发，做了两年参军后，杨万里被派到湖南永州零陵做县令。永州是柳宗元"独钓寒江雪"的被贬之地，杨万里在这里一待就是四年。宋孝宗隆兴元年（1163），杨万里应诏调入临安，未及赴任，父亲重病去世。

杨万里在家服丧丁忧三年。三年之后再回临安，写出长篇政论《千虑策》。文中大胆批评宋孝宗经过符离之败后，"前日之勇一变而为怯，前日之锐一变而为钝"。

这些经历或是其日后在临安地震后，向皇帝上书的伏笔，忠心为国的证明。

淳熙十二年（1185），宋孝宗点名将杨万里升为东宫侍读，太子赵惇亲题"诚斋"二字赠送杨万里。也是这一年的五月，临安发生地震，宋孝宗下诏"罪己"求直言。各地官员纷纷响应。

早在地震发生之前，杨万里就察觉到了一些奇异的现象，他不明白为何今年正月的气候如此寒冷无比，星象如此怪异。他翻来覆去不断苦思冥想，难道是天地之气的运转出现了异常？为何出现了异常？为何这些（包括气候变化、星象变化和地震在内的）怪象接二连三地出现？

由于杨万里无法从"气"的角度来具体阐释气候、星体运动以及地震形成的机理，他只能求助于传统的"天人感应"理论，把这些异常自然现象与当今皇帝统治下的官场现状以及百姓生活联系在一起，把这些看作上天带给皇帝的警示。

简而言之，杨万里认为地震和水旱灾害都是由于朝廷的恩泽无法使我们百姓受益，使得天地之气受到阻塞而生成。

此外，杨万里其实早已看清，社会财富的分配不均以及赈灾常平仓形如虚设的根本问题对于抗击地震灾害的不利影响，也希望能及时消除这些不利因素。

在此基础上，他总共写了十条建议，实际上属于地震赈灾的系统化建议。比如，杨万里认为两浙、江淮和湖广多地近几年连续干旱，饿殍遍野，而国家的常规救灾粮，库存名存实亡，一旦遇到灾荒之年很难救济百姓。

杨万里写好奏章后，整理好衣冠，来到朝廷去见宋孝宗。他见到宋孝宗后，激动无比地说："为臣听说古代的君王，如果人不能使之感悟，那么上天就会感化他。当今国家面临的敌情严重，而我们君臣都处于这种高枕无忧的太平状态。可见，人已经无法感悟陛下了，所以上天就会降下地震等灾祸。"

杨万里继续说："比如，前些时候，荧惑星入侵南斗星；近段时候，镇星又入侵端门星。臣仅仅是一书生，不敢以为这些征兆就一定会降下灾祸。然而，到了春正月之时，日光变青变弱，好似有两日互相摩擦，这不奇怪吗？可上天还恐陛下不信灾祸即将来临，于是使得原本暖和的春天突然出现大雪杀伤万物，这不奇怪吗？然而，上天仍恐陛下又不相信灾祸的到来，因而致使五月庚寅之地震大爆发！若此地震发生在离京城较远的外地，州郡不敢上报，陛下不信也可。"

这时候，宋孝宗脸色有些变化。杨万里可能没有觉察，继续陈情："如今之地震就发生在京城附近，但是君臣上下好像没有任何警觉，没有任何恐慌，朝廷亦没有多少官员因此地震来求见陛下。百姓臣子若不能感悟陛下，则上天将以灾异感化陛下。臣不知陛下于此感悟乎？自省乎？"

此刻，朝廷内其他大臣面面相觑，十分惊异，纷纷斥责杨万里对圣上的无礼之言。坐在龙椅上的宋孝宗脸色铁青，但仍让杨万里接着把话讲完。

接着，杨万里又言："近几年两浙、江淮和湖广多地连续干旱，饿殍遍野。而国家的常平仓的救灾粮名存实亡，并且粮仓入粟的命令总遭到下面的怠慢拖延。无灾荒之时，不知如何去赈灾，一旦遇到灾荒之年何以为用？"

朝堂上，大臣议论纷纷，斥责杨万里的无礼之举，有重臣甚至建议将杨万里灭九族，以树立皇帝之威严。

然而，此时杨万里却心想："臣子言论虽有冒犯，却实乃无奈之举。恰逢地震，百姓该如何安顿？国家如何富足？乃当今燃眉之急之要务。众人此时更应在意如何使得国家富足，人民安居，而非如何处死某人。"

杨万里又言："惟有食与货才可使百姓安顿，国家富足。可当今钱财大多为富商、官宦、权贵所有，百姓和士兵只有破烂的废券，吃不饱又何以生存？一旦出现天灾人祸，百姓平民和士兵万一因食物等各种生活问题而酿成叛乱，这不让人心寒吗？"

朝廷上，众人皆面面相觑。他们虽然指责杨万里对皇帝不敬之举，却一时不知如何回答杨万里的疑问。

杨万里决心把话讲完："望陛下不要过多地夸大

圣德，而是要增加自己的才干，加强对灾害的防备；不要认为地震这些变异都是无关我们的自然之事，而是要像周宣王一样对天灾怀有一种惧怕的态度，从而防患于未然；不要因为臣子的进言逆耳就置之不理，而是要像唐太宗一样耐心听从臣下的劝言；不要使贿赂宦官的人得到大权，而是要吸取唐朝大历时候贪腐的教诲；不要把后宫、宦官干涉政治看作小事，而是借鉴汉唐灭亡的教训。"

最后，杨万里请求说："做到这些，可以更好地减轻上天带来的地震等灾变的同时，也不会陷入敌人的诡计中。天下之事，有根有枝，根就是陛下需要兼听则明，否则偏信则暗，我们臣子都担当不起这个责任。"

宋孝宗听完后，虽然觉得这些话有道理，但心里依然极为不爽快。既已答应直言，也只能忍忍了。

事后，有一位大臣找到杨万里，说他不应过于耿直，而杨万里则不以为然，并对那位大臣说："做臣子的本来就应遇事敢言，若为当大官而阿谀奉承，遮遮掩掩，此乃误国害民之举啊！"

那位大臣敬佩不已，接着问杨万里："那杨大人觉得这次震后该如何体恤民情，安定国家？"

杨万里说："轻徭薄赋，团结民心，节约财政，广开言路。此外，为官者要体恤灾民，不可因升官和金钱等私欲而与民为敌！"

那位大臣说："杨大人此番言论令人感慨万千，今后若遇到类似之事，下官愿向杨大人多多请教。"

抗疫赈灾共济时

HANGZHOU

〔明〕吴伟《流民图卷》

第七章　地震杭州　士子浮沉

淳熙十四年（1187）夏，南宋王朝发生了旱灾，杨万里再次应诏上书。

他来到朝廷，对孝宗皇帝说："这次旱灾和上次地震起因是一模一样的，因为朝廷的恩惠无法真正施及广大百姓，下面百姓的苦情和冤情无法真正传达到朝廷，所以天地之气受到了严重阻塞，发生了旱情等灾害。"

孝宗皇帝此时觉得很有道理，觉得杨万里这次上奏的言辞相对恳切了一些，希望杨万里不可再像上次一样过于无礼，再无礼就无可忍耐了。

然而，没过多久，杨万里在一次奏折中口无遮拦，彻底惹恼了宋孝宗。当时，宋孝宗采纳翰林学士洪迈的建议，以太师吕颐浩等人配飨高宗庙祀。杨万里力争主战派名相张浚当配飨，指斥洪迈为人不公正、专辄独断，无异于"指鹿为马"。

指鹿为马的典故人人皆知，杨万里这话虽然是攻击洪迈的，但也容易让人曲解是在说宋孝宗昏庸无能。宋孝宗很生气，事情很严重，于是杨万里被解除职务，保留官员身份，下放江西，以观后效。

淳熙十六年（1189），太子赵惇即位，杨万里终于官复原职，可这位杨万里是耿直之士，脾气不改，连上三札，谆谆告诫已成为宋光宗的赵惇，要爱护人才、疏远奸佞。之后称病回吉水老家。五年后，赵惇的儿子赵扩即位，新皇帝又多次召杨师爷赴京任职，杨万里辞谢不往。

杨万里借着地震，皇帝下诏上言之际，系统阐述了他对古代杭州灾荒的赈灾之策，其实是很有道理的，值得今天借鉴。

地震杭州　周密辩道

元朝至元二十五年（1288）十月二十四日夜，杭州发生大震。这也是元代杭州地区唯一有记录的地震。

当时的震级为4.25级，仅次于南宋绍兴六年（1136）的4.5级。巧合的是，这次地震被当时居住杭州癸辛街的大文人周密亲身经历。周密，字公谨，号草窗，还有华不注山人等多个雅号。他在《癸辛杂识》续集卷上《戊子地震》一文中留下了详细的珍贵史料：

> 夜正中，地大震。始如暴风驾海潮之声自西南来，鸡犬皆鸣，窗户磔磔有声。继而屋瓦皆摇，势若掀簸。余初闻是声大惊，以为大寇至，惧甚，噤不敢出息。继而觉，卧榻，撼如乘舟近海潮，始悟为地震也。

此后，在一次聚会中，周密和朋友谈论到这次杭州地震。有朋友问："公谨兄可否为吾等谈谈至元二十五年杭州地震之情形？"

周密曰："吾尚可讲解一二，诸位皆知杭州于至元二十五年十月二十四日午夜大震。开始如风暴海潮，自西南而来，窗户簌簌作响，鸡犬之声不绝于耳。继而房屋摇晃，屋顶瓦片震动。起初听到此声时，愚大惊失色，以布帛盖着脑袋不敢出声。此时，床摇晃不止，好似漂浮在海上大潮之小船，吾这才醒悟过来，知晓发生了地震。屋外人声喧哗，有人甚至以为出现了火灾。大约有两杯茶的工夫，屋外嘈杂之声才逐渐安定。"

朋友又问："此地震伤人乎？亲朋是否安然无恙？"

周密对曰："有人受伤，被瓦片砸到。第二天，亲朋皆互相问候，心惊胆战地回忆着昨日可怕的地震。然而，到了十一月初九时，又发生了一次地震。让人难以招架。"

朋友问："为何又震？"

周密答曰："在下以为，地震乃阴阳之气相互冲击而成，如人之血气，血气有顺逆冲突，则人肌肉痉挛，气弱则无地震。若此地阴阳之气皆强盛，且连续不断迸发，则地震频发。"

那位朋友感到疑惑，问："那张衡之地动仪为何能在气弱之地探出远在千里的地震？"

周密答曰；"吾感张衡之地动仪另有原理。"

朋友问："为何？"

周密曰："浑天仪始于落下闳，在其后，贾逵、张衡、李淳风、梁令瓒、僧一行皆能制成，鄙人信其为真。按史书记载，候风地动仪内有都柱，外有八龙，龙首含有铜丸，龙首下方有造好的蟾蜍。若遇某州县地震，则对应在那州县方位的铜丸必落入蟾蜍之口。"

周密续曰:"吾之前以为地震乃阴阳之气相冲击而成,气之所至之处则震动,若气弱则无震。若地动仪放置于距震区千里之外的京师,地震之气过于薄弱,甚至连针也无法震动,更何况那铜丸呢?其间必有其他原因所致。"

朋友对曰:"所言极是。"然而,那位朋友思考片刻,曰:"若该地震极为强大,以至山崩地裂,愚以为地震之气必能传至千里之外,此时地震之气强大,地动仪必灵。那依公谨兄之见,此时地动仪灵验否?"

周密答曰:"气之所至则地震,气之所不至则不震。若该地震极为强大,以至于山崩地裂,地震之气确实可传入千里之外,地动仪或许会动。可地震传来之时,房屋柱子大多东倒西歪,非整齐有序倾倒,地动仪内部之都柱亦无法确保对应地震源头方位之铜丸必落于蟾蜍口中。"

朋友曰:"然也,佩服!"其他朋友在聚会中亦称赞周密的智慧。

紧接着,另一位周姓朋友问道:"与公谨兄清谈胜读十年书,公谨兄对当今杭州震后重建及赈灾有何远见?"

周密对曰:"余以为赈灾之重在于结民心,助百姓修好房屋,稳定食货价钱,免除苛捐杂税。绝不可使农商失业,贫弱交加。"那位周姓朋友点了点头,心悦而诚服。

早在靖康元年(1126),周密的曾祖御史中丞周秘随高宗南渡,在吴兴(今浙江湖州)置业居住,成了吴兴人。

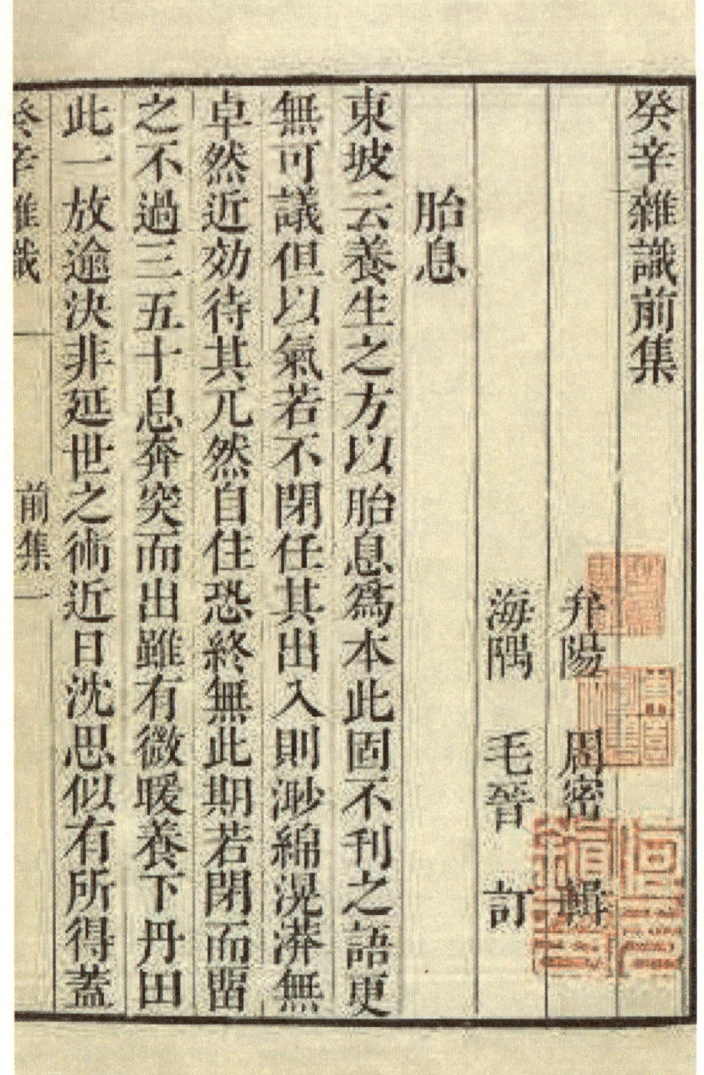

《癸辛杂识》书影

南宋绍定五年（1232）年，周密出生，他做过临安府幕属，做过和济药局、丰储仓的负责人，还做过义乌县令。在任上，对于地震灾害及其灾后赈灾多有思考。

至元二十九年（1292），周密撰成笔记丛刊《癸辛杂识》，分前、后、续、别四集，是宋代同类笔记中卷帙较多的一种。《癸辛杂识》内容广泛，主要记载宋元之际的琐事杂言、遗闻轶事、典章制度，并记及都城胜迹杂录，这是区别于作者的另一著作《齐东野语》的地方。作者大量记载了为国牺牲的将士、坚持民族气节的士大夫，以及异族统治者、投降派的言行，寄亡国之痛于笔端，其中很多条目有较高的史料价值。

周密的另一著作《齐东野语》内含周密对地动仪的怀疑和对地震机理的思考过程，显示了周密认真严谨的科学态度。

元大德二年（1298），周密离开人世，享年67岁。

咸丰五年　富阳抗震

到了清代，杭州地震数量虽然不多，但仍有较大规模的地震。据《光绪富阳县志》十五卷："咸丰三年三月初九，地大震……五年，正月、十一月俱地震，屋墙破裂，河水沸腾。"这几次大震是杭州富阳城所急需应对的生存考验。

尤其是咸丰五年（1855）的地震，较之前更严重，影响范围亦更加广大，致使大量房屋倾倒开裂，民众无家可归，社会秩序出现了严重混乱局面。

话说咸丰五年正月某日，夜半，富阳民众大多已入睡，城中灯火阑珊，夜市亦准备打烊。此时富阳县城路面皆空无一人，仅有两位衙役在路面上叫喊着："天干物燥，小心火烛！"

这两位衙役沿着富阳城主干道巡视一圈，正准备打道回府，可二位衙役走着走着，突然抬头看见天空出现了耀眼的蓝白色光芒，随后又听见一阵雷鸣声。

他们立刻反应过来，大叫："地震啦，快走！"

街道两旁的富阳民众听到叫喊声后，立即起床，拿起贵重物件，逃离自家房屋，向空旷之处疾走。

一位老者听到衙役叫喊声后，匆匆走出自家老旧木屋，可刚离开木屋，木屋即倒塌。老者十分庆幸自己还活着，于是急忙来到先前叫喊的衙役面前，感谢衙役的救命之恩。

老者言："多亏大人之提醒，吾才得以保全性命。"那两位衙役笑了笑，提醒老者保重身体，立即赶往富阳县衙门，意图向富阳县令传达灾情。

其余偏僻小道少了衙役的提前预警，伤亡较重。有不少人在睡梦中被砸伤，捂着头从废墟中爬出，还有一些人被房屋废墟掩埋，仅仅靠着缝隙来呼救。

恰逢此时，富阳县令在睡梦中惊醒。得知地震，县令立即从府中走出，带领手下赶往富阳县城中重灾区。

富阳县令府邸虽然未在此次地震中受到巨大破坏，府内重大物件亦得以保全，但府邸外民居房屋大多东倒西歪，百姓亟待拯救。

富阳县令在赶往重灾区途中发现沿途江河之水皆沸腾，发出咆哮之声，感到不解，于是他问下属："为何沿途江河之水皆呈现沸腾之状，地震前可否有此预兆？"

路边一名长者听到后，对曰："江河之水并未真正沸腾，是其与地下井水相通相连所至，井水因近地震之源地而提前响应，因而可作为地震之前兆，其翻滚冒泡的确乃地震之前兆。"

富阳县令:"善,那吾等官员今后一旦遇到井水冒泡翻滚即组织百姓撤离,此举可否使众人转危为安?"

那位长者对曰:"大人,鄙人觉得此事并不简单,不可贸然行动。富阳本地多雨,夏日时候,地下井水亦会上升翻滚,偶尔亦冒泡。若此时贸然组织百姓撤退,实乃劳民之举。地震难以估测,吾等只能尽心救人,使百姓得以生存。"富阳县令长叹一声,遂带领手下安顿灾民。

咸丰五年的地震使得整个杭州富阳县城的官员衙役们忙得不可开交,杭州府虽然也给杭州富阳县城援助了许多粮食,却也仅仅使得部分富阳县城受灾百姓能够果腹,许多灾民仍然面临着饥饿难题。

此外,这次地震虽然没有人死亡,却有很多民众受伤。震后,富阳县令与下属衙役经过长时间奋战,从废墟中救出不少孤寡老人和幼童,甚至还有一些乞丐。如何安顿好孤寡老幼、伤残人士以及不可自理者,亦为富阳县官亟待解决之难题。

此时,富阳县令突然想到县城中的养济院,试图将这些伤残以及不可自理人士安置到此地。

于是,县令对下属说道:"吾县之养济院乃为救济不能自理者所设,今又遭遇地震,吾等应立即将这些老幼弱残安置到此地。"下属当即照办,于是县城内老弱幼残及其他无家可归之灾民,分门别类安置到养济院各房间中。

然而,又有一下属问富阳县令:"大人,恕下人无知,乞丐是否也要安置到此地?"

富阳县令随即答曰:"养济院乃宋绍兴十三年设立,以城中寺院充当安济处所,原本就为安置老幼及乞丐之地。吾等不可因其为乞丐之身,就鄙视之。"

下属曰:"大人,属下粗鄙,请大人宽恕。"富阳县令笑了笑,随即与下属前往县城养济院视察灾情。

富阳县城养济院由于房屋坚固,没有在此次地震中受损,于是成为灾民的避难之地。

然而,由于灾民众多,养济院食物也不够用,于是大家纷纷抢夺食物衣物,秩序十分混乱。

富阳县令赶到养济院后,看到灾民争相抢夺物品的混乱状况,十分愤怒,于是责令下属将一部分灾民暂且安置此地,另一部分灾民则安顿至城中另一处孤老院中。同时,富阳县令命令手下严惩混乱局面之首恶者,将其赶出养济院。

面对养济院众灾民,富阳县令言:"吾等官员以民为天,今面对众人挨饿挨冻之情形,实感愧疚。吾等官员已开放城中另一处闲置孤老院,本养济院多余民众可随吾等前往此地,此策可使众人果腹安居之难得以解决。"养济院众灾民听到后立即欢呼,无不称赞富阳县令之智慧。

富阳县令又对众人言:"城中另一处闲置孤老院地广人稀,房屋坚固。亦有各媪勤加打扫,不养猪牛等牲畜,也有育婴房可供孕妇乳婴专门居住,每月给衣服,发口粮。城中老人幼童若实在无家可归,无人可靠,可入籍留在此地,有专人供养。"

富阳县令说完后，即刻令下属带领养济院多余人员前往孤老院居住。

杭州富阳此次抗震救灾之举深得民心，归因于富阳县令的智慧。富阳县令通过临时改变养济院和孤老院之功用，从而一举解决了灾民以及乞丐安置难题。

事后，一位因地震而被许可进入养济院的乞丐谈论道："县令大人果真英明，吾等人平日捡剩饭为食，到养济院门口即刻被驱离，不被当人看。今日，吾不仅被许可进入养济院，还每日发放米饭钱，甚至被允诺沐浴后于此地居住，谢天谢地！"

另一位乞丐对曰："原先养济院不能生理者不准入内之规终于废除，吾等下人如今不仅可以果腹，而且有地可居住，实乃庆幸。若非县令大人英明之举，吾等早已因地震饿死街头了。"

第八章 防止火灾 制度渐善

绍兴二年（1132）夏五月庚辰，临安府大火，亘六七里，燔一万数千家……八月，临安府火。十一月，临安大火。十二月甲午行都大火，燔吏刑工部御史台、官府民居军垒尽，乙末旦乃息。

绍兴三年（1133）九月庚申，行都阙门外民庐火燔者甚广，令户部发廪以赈，命有司修火政。十一月庚午，临安府火。十二月乙酉，临安府火，戊子又火。

绍兴四年（1134）正月戊寅，行都火燔数千家。

——《民国杭州府志》卷八十二《祥异一》

钱王世家　重视救火

据历史文献记载，杭州及其周边地区发生火灾的频率较高。史书上经常出现类似"十月乙卯临安府大火"和"绍兴六年秋七月杭州大火"等记载。据说，早在黄帝时期，就设置了专门管理用火安全的官员，称为"火政"，周朝时称为司烜或司爟。

最早的有明确职责的"消防员"，是汉朝的"执金吾"。执金吾相当于中央卫戍部队的最高长官，负责维护帝都的安全，制造、贮存和管理兵器，以及水灾、火灾等非常态事件的处理，称得上是消防员鼻祖了。

杭州是吴越国的都城，其王宫位于凤凰山麓，由隋唐时期的州治所扩建而来，方圆数里，内有八会堂、功臣堂、天宠堂等多处殿堂建筑，规制恢宏。五代十国时期，当时房屋以木材、茅草为主搭建，易燃。后城中建筑多为木质或竹制，繁华的市区内房屋毗邻、前后几无空地，不利防火。

杭州寺院道观林立，寺庙为了营造恢宏的气势，常使用木材搭建柱子房梁，官员民众焚香烧祭，寺院香火旺盛，人群众多，稍有不慎，便是烈火燃烧。而且杭州民居，多用竹子茅草为屋。这种由茅草搭建的屋子最易起火，蔓延速度快，极难扑灭。

杭州官府和一些有识之士已经在城市建设中重视防火问题，将构建官署、商店、民舍与城内交通、环境卫生等市政问题通盘考虑，综合治理，使建筑布局与街道宽度不仅适应市政管理的需要，也有利于城市防火，减少火灾危害。

唐代宗年间，李泌任杭州刺史时，便发动居民在城内开凿了六口类似地下蓄水池的大井，不仅解决了居民饮水问题，也便于发生火灾时的灭火之需。然而真遇到大火时，往往来不及或者杯水车薪。

唐朝之后，杭州火灾的次数之多、规模之大、损失之重，在江南城市中极为罕见。这可能一方面与当时杭州富裕、屋宇众多有关，另一方面，也与杭州建筑以土木为主，而且比较密集有关。

杭州最早有记录的火灾发生于唐代宗广德元年（763），但最早详细记录杭州火灾的，要数宋元时期所著的《吴越备史》、新旧《五代史》、《宋史》等史料典籍。历史上无论作为都城还是府城，杭州都经历了大火的考验。一言以蔽之，火灾很多，规模很大，损失很重。

天福六年（941）七月的这场大火，是吴越国国都最早的一次火灾记录，这次火灾甚至使得吴越国君主钱元瓘受到惊吓。据《吴越备史》记载，天福六年（941），从六月起，国内便进入了伏旱期，烈日高悬、万里无云，稻田缺水、人畜干渴，大家盼云不得、求雨不能。

转眼到了七月，杭州城中东南风起，蔚蓝的天空中飘来了几朵闲云，似乎有点下雨的苗头了，大家心中又燃起了一丝希望。七月十六日，甲戌日夜，小宦官霍启像往常一样打着灯笼、敲着更梆，行走在宫内的青石路上。

嘴里不断喊着"天干物燥、小心火烛，天干物燥、小心火烛……"虽然这是提醒他人的口号，但对更夫而言，起到的却是催眠的作用。

此时，霍启上下眼皮渐渐地开始打架。行至丽春院左近，突然间，一阵狂风夹着尘土席卷而来，霍启心中一惊，清醒了许多，连忙用袖子挡住脸面。

灯笼倒是没灭，反而被狂风吹得脱了钩，直奔丽春院而去。灯笼镶嵌进了窗户中，刹那间，窗户纸被点燃。火借风势，火蛇吞噬了窗棂窗框，继而是雕梁画栋……

"失火啦！失火啦！"嘈杂声、救火声、火烧宫殿声响彻天际。王宫外的丽春院起火，火借风势，难以扑灭，后来延烧至王城，王城卫士们有水的拿水，无水的则拿起长矛、盾牌、棍子甚至扫帚奋力扑救，可效果依然甚微。

王城内火光映红了夜空，而风势却丝毫不减。在风的助推下，火蛇奔内城而来。

大火吞没了王城中的许多华丽宫殿、金库和兵器库，时人记载为"被焚几尽"，吴越国王钱元瓘被大火吓得魂不附体，他带领贴身侍卫不断逃命，可诡异的是，钱元瓘逃到哪儿，火就追到哪儿。钱元瓘在灾后因惊恐而生"狂疾"，精神几乎失常。

大火扑灭后，他不顾病情，依旧拖着重病的身子上朝。他在下人搀扶下来到朝廷，惊恐地问众位大臣："皇宫卫士众多，众人齐心协力，宫中亦备有大水井，为何依然有如此惨重之火灾？"

有一大臣言："历经一个多月之暴晒，宫中建筑无论窗户还是梁柱皆如干柴一般。此外，宫内建筑鳞次栉比，狂风一吹，星火一起，即酿成大祸，此乃天灾，亦为人祸。"

钱王曰："所言极是。"然而，这并未使钱王的惊恐症状得以缓解，钱王的脑海中依然不断重现火龙追赶自己的画面，依旧胆战心惊，噩梦不断。过了一个月，钱元瓘得狂疾而死。

当时定都金陵（今南京）的南唐国文武大臣听说吴越国火灾后，纷纷上奏国王李昪，请求趁此良机袭击吴越国。李昪冷静理智，指出大敌在北，不能轻举妄动引得腹背受敌。李昪不仅不发兵攻打吴越国，反而派使者送去钱粮财物，慰问吴越灾民。两国人民的友谊因为一场火灾而加深，一时传为佳话。

钱元瓘去世后，由他的儿子钱弘佐即位。此后的20多年间，有文字记录的火灾多达5次，平均每4年就有一次规模较大的火灾。

老钱王死后，13岁的新钱王出访，查看了钱塘内城百姓受灾状况，以便赈灾。

在出访的过程中，小钱王在内城遇到了一卖货老翁，小钱王支开卫士，走过去问："老人家，上月火灾使得王城损毁过半，朕爱民心切，不知此处灾情如何？依汝之见，何以防灾？"

老人家告诉小钱王："回大王，鄙人以为此处灾情之重不亚于王城，此地之粮仓、民居、亭台损毁不计其数，百姓亦有伤亡。以此地房屋拥挤，乃易起火，一旦起火，则连绵不绝。若起火后取水不便，易致小火变为大火，大火变为连片火龙，火龙凶猛则短时难以扑灭。因而，鄙人建言，应在房屋前后备大水缸，增添水井，以备不时之需。"

小钱王曰："然也，正合朕意。"小钱王听从建议，立即命令大臣和卫士在宫中和民居周围增加水缸等专门盛水器物。

同时，小钱王还要求大臣、卫士以及城中百姓共同疏通城中废旧水塘，增加水井数，疏导房屋前后的废旧水渠和河道。这样就会使得河流以及水渠旋回处留有积水，便于取水救火。

第二次杭州城较大的火灾发生在开运四年（947）。据《十国春秋》记载，当时是吴越国大臣、兵籍使钱巫德家起火，因钱巫德是吴越国王的族亲，府第靠近王宫，大火又一次危及王城。

新国王钱弘佐比他父亲强势多了，他立即派亲军灭火，亲自登高察看火情，并下达旨意：如有趁火打劫者，或伺机偷盗抢劫者，就地处死。大火最后自然是被扑灭了。

这次吴越国王宫附近大火，钱王弘佐吸取之前天福六年火灾教训，亲派大军灭火，使得损失比之前天福六年的火灾降低了很多。

此后乾祐二年（949）和显德三年（956）又有两次火灾，由于这两次火灾地处空旷，未酿成大灾。

据《旧五代史》记载，显德五年（958）四月初十，杭州城里又发生了一次大火灾。地点又是靠近凤凰山麓的王宫附近，这里是官府衙门、贵戚府第集中之地。

大火再次延烧至王宫，在宫中养病的国王钱俶，急忙搬到江边都城驿中躲避。大火从傍晚一直延烧至次日早晨。一大早，国王钱俶派亲军砍伐凤凰山上树木以绝火路，一边亲率文武大臣到瑞石山上向天祈祷，希望大火快点熄灭。灾后统计，这次大火吞没房屋达17000多家，损失空前惨重。

后周世宗皇帝柴荣，闻此火讯立派使臣安抚慰问，钱俶也召集文武大臣，下罪己诏，作自我检讨。

太平兴国三年（978）二月，钱俶"纳土归宋"，举家迁往汴京（今河南开封），吴越政权从此结束。临行前，他把国事委托从子钱惟治代为管理。

据《宋史》记载，就在这个月，宫中马厩起火，火势也相当凶猛。事后查明是"妻族"一方有人"恃亲犯法"，遂下令"杖背于府门"之前。

从上面故事可以看出，钱王世家励精图治，救民水火，为杭州带来福泽，为历史所铭记。自然其中包含的救火故事和经验亦载入史册。

南宋都城　屡发火灾

北宋时期，杭州和开封等城皆为当时世界级别的大都市，人口众多，房屋稠密，夜晚灯光璀璨，勾栏瓦肆鳞次栉比，火灾易发。因而，北宋朝廷设立了军巡铺，这是世界上最早的专业化公共消防队，也是中国最早的专职消防队。

军巡铺任务是夜间巡警，督促居民按时熄灭灯火，消除火灾隐患。军巡铺组织严密，灭火专业器械多，在世界消防史上史无前例。

靖康之变后宋室南渡，升杭州为临安府，并将都城定在临安。为表示收复中原的决心，南宋朝廷称杭州为"行都"。打这之后，北方官僚贵族、大贾富商以及平民百姓，纷纷迁居临安，临安人口骤增，商贸繁荣。

从西北涌入临安的普通移民，以及城内外的军营兵寨，房屋建筑多用竹木，屋顶多以茅草、竹席覆盖，四周围墙大多用芦苇涂上泥，刷上石灰水。

临安城内街坊里巷的住户，往往是前店后宅，或者是楼下做铺面楼上做居宅。当时临安很多人信奉佛教，许多人在家里设置小佛堂,香火蜡烛彻夜不断。

特别是在秋冬季节,家家户户常在火炉上罩一个篾制的烘笼,利用取暖的余热熏香、烘物,稍有不慎,就会引发火灾。

南宋初期几乎年年有大火,少则一次,多则三四次。南宋时期临安有个书生袁褧,相传与苏东坡还有渊源,苏东坡与袁褧的祖父曾同朝为官。袁褧父子的文稿记录中记录了他们一生遇到的多次临安大火。

他的前半生主要在东京汴梁度过。靖康之变后,追随康王赵构的脚步衣冠南渡。大概1132年,袁褧到临安定居,自称"百岁寓翁",自述是汉朝关内侯袁干的后代。

他的传世笔记《枫窗小牍》中记录了发生在临安的多次大火。西湖四周,青山绵延,楼阁矗立望不见头。"百岁寓翁"的寓所就在这鳞次栉比的楼台之中。临安与中原不同,五月至六月虽到了炎热的初夏,但一般会有"梅雨"光顾。连绵不断的大雨虽然会使得许多东西发霉发烂,但也会给人带来凉爽的感觉。因此,五月的临安一般比汴京还凉快一些。

然而,今年临安的天气却一反常态,梅雨期竟然"没雨",出现了罕见的"空梅"怪象。骄阳似火炙烤着大地,有几分汴京仲夏的味道。然而,干热的夏天却为这次临安火灾的发生提供了先决条件。

在艳阳高照的临安城,地面温度迅速升高,蒸发大,物品燃点变低;而城内木材众多,酒家遍地,一旦失火,火势必将越烧越旺。

某日,"百岁寓翁"袁公子在西湖岸边寻一僻静之地,望着如诗如画的西湖,思绪又回到了遥远的旧都。小时候,袁公子居住在汴京陈州门内蔡河东岸,堂屋后有一处园林,园中有一个凉亭名叫来鹤亭。苏东坡先生曾来此处游玩,并赋诗一首,诗曰:"鸿渐偏宜丹凤南,冠霞披月羽毵毵。酒酣亭上来看舞,有客新名唤作耽。"袁公子不觉间口诵出来,泪水顺着脸颊滴落到青衫上。

突然有人叫喊:"失火啦!失火啦!"袁公子反应过来后,四处张望,发现了不远处一家酒肆内烈焰突起,火势愈来愈猛。酒比柴更烈,一旦着上火星,如何能扑得灭?一位好心的壮汉,拎着一桶水泼将进去,结果过火面积更大了……

"街坊邻居们,失火啦,请尽快撤离!"一个铺兵冲里正喊道。

"要东西还是要命啊?还不撤离此地?"另一个铺兵冲一间杂货店里喊道。袁公子看了看风向,现在才反应过来,火是朝他家的方位烧的。于是,他三步并作两步,朝巷中跑去。

"娘、云曦,收拾东西快跑,大火来了!"一进门,袁公子就喊道。从汴京一路南逃,以为临安之地可得安身,结果又要逃!他不免心中有些懊恼,但这次逃离显然熟练了很多、迅速了很多。

当袁公子携着母亲和妻子从后门逃出时,大火已烧进了前院。

"相公,刚躲过了金兵,又遭遇火厄,这可如何是好?"云曦焦急地说道。

第八章 防止火灾 制度渐善

《武林弭灾记》碑

"先别说这些了,云曦。'留得青山在,不怕没柴烧',为今之计,赶紧找寻避难之所。"袁公子着急地说道。

袁母喊道:"去火厄者,唯有水也,我们赶紧去西湖上躲躲吧!"三人朝湖边跑去。然而,西湖桥上已挤满了前来避难的人。

正当众人一筹莫展之际,一叶小舟悠悠而来。掌船的船夫喊道:"诸位客人,快上船来!"

于是,众人纷纷去船上暂避。袁公子对船家说道:"若非义士仗义相救,弟及母妻此番恐要葬身火海,请受小弟一拜!"

船家对曰:"使不得,使不得,公子快快请起!临安虽少战乱,可大火像魔咒一般,总是趁人不备,袭击城里平民百姓。吾等祖上以渔为生,每逢大火便于湖上撑船渡人。先祖早已将救人当作平常之事,因承先祖之德,积善渡人亦乃吾等船夫之本行。"

袁公子道:"义士渡人,功德无量!"听到这番谈话后,其他难民也纷纷向船家施礼答谢。船家道:"大家不必多礼,唯愿火厄早除,家园重建。"

入夜,挤满灾民的小舟充满了哀叹和哭泣声。见此情形,袁公子感慨万千,哀叹民生之苦,不觉潸然泪下,脑海中不断回想着自己南迁途中屈身孤篷之底,乘风渡淮,几葬鱼腹的情景。

子夜时分,一场大雨及时赶来,大火渐灭,万余房屋变为白地。

这次大火烧了不少官府和军营，民居房屋被毁者更是难以计数。这是南宋朝廷第一次遭遇官府衙门被烧毁的窘境。

袁公子痛定思痛，决定远离闹市，寻一片安静之地，于是举家迁入杭州近郊的山中。五年后的初春，临安再次发生大火，烧毁房屋一万多家。他看到远处城市上空的漫天红光，心中五味杂陈。

连年的大火灾让那些手足无措的官员和灾民们心里产生了巨大的恐惧，把火灾原因怪罪到当年南渡之时取用的"建炎"年号的头上。当年之所以取用"建炎"年号，是因为宋朝崇尚火德。

而宋朝崇尚火德，是因为后周崇尚木德。赵匡胤发动陈桥兵变，灭了后周建立宋朝，既然后周尚木德，按照金木水火土相生相克的五行学说，木生火，那宋朝自然就是火德了，所以赵匡胤刚坐上皇帝龙椅时，就确定了宋朝崇尚火德。当然，这在今人看来并不是科学的。

绍兴三年（1133）九月，临安又一次出现大火，烧毁民居无数。宋高宗令户部发放粮食救济，令有关部门组织专人编制防火救火法规。在火灾发生过后，宋高宗下令每个住宅社区周边都要各留四丈空地以作"防火巷"。

但是当时临安知府梁汝嘉执行得不好，因为城区里的北方难民太多，达官贵人太多，居住需求太多，不时在空地上就会冒出许多新房子，使得临安住宅鳞次栉比，一处起火，则家家失火。

因为火灾出现得频繁，老百姓重建家园的成本越来越高，为了减少成本，临安民宅从瓦顶变成席顶，从席顶变成草顶,以至于引发火灾也就越来越容易。

绍兴四年(1134)三月,宋高宗下诏,对火灾的责任认定和受灾程度认定作出具体规定。

绍兴六年(1136),在临安又是一个火灾多发的年份。这年二月,大火烧毁了一千多户人家的房屋;四月,突发的大火烧毁了一千多间民居;五月,大火将一万三千户人家的房屋化为灰烬;十二月,临安家家户户都在做米糖、炸圆子准备年货过大年,又不知谁家不小心引发大火,烧毁房屋一万多家,并出现了重大人员伤亡。刚刚任职临安知府才四个月的李谟,立马被贬到镇江任职,几个副职和一些消防官兵也因救火不力被贬。

连续的火灾迫使南宋朝廷在绍兴七年(1137)制定严格的防火政策,政策规定纵火者行军法,对过失遗火、但延烧数量多的人,也要行军法。

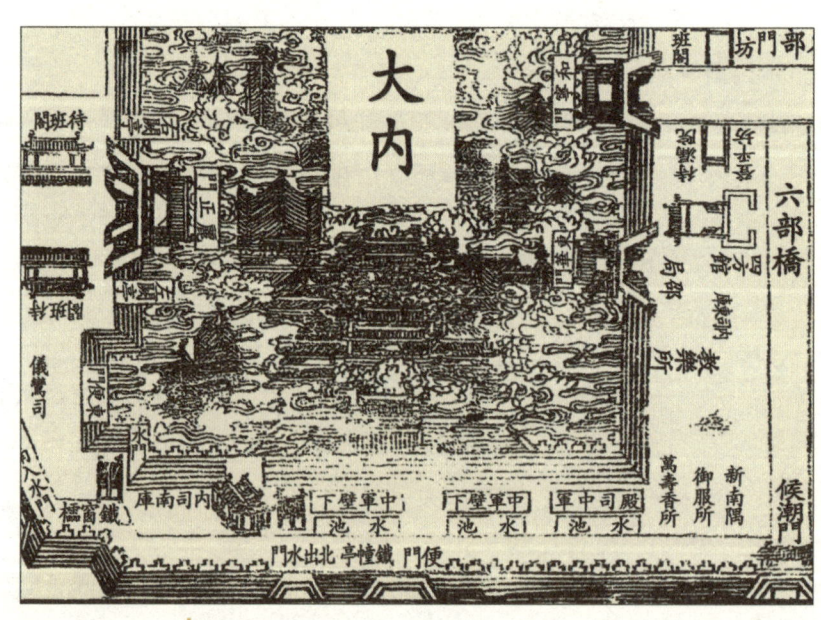

《皇城图》局部,皇城和临安城的城墙之间,设置了大量消防水池。

南宋防火政策的宗旨是"严火禁"，宋高宗下诏改茅舍为瓦房，开辟火巷，监管火烛，完善火备，严明赏罚等多项措施，继承了北宋由中央政府组建城市消防队的经验，临安城专业消防队人数多达几千人。

通过这些防火措施，火灾一度略有减少。但由于南宋的消防灭火装备仍然是以唧筒、水囊、水袋为主，所以尽管消防队伍人数众多，也难以对大面积火灾进行有效的控制，加之后来刑法松弛，措施不力，大火重又接连发生。

嘉泰元年（1201）三月二十八夜里，家住宝莲山下的御史官杨浩家失火。也不知道这晚杨家有什么开心的事，喝酒唱词一直玩到了深夜，一大家子都喝晕乎了，仆人们忙了一天深夜困倦，所以对于明火的处理就有了疏漏。

也不知道是哪里没有熄灭的明火，就把旁边的易燃物给点着了。他们家宅院刚一冒火，很快就被巡街的厢军给看见了，于是厢军们就招呼人手去他们家救火。

可能是杨浩的儿子酒喝醉了，他破口大骂，不允许厢军们进家灭火，甚至还对他们进行殴打驱赶。双方僵持了一段时间，厢军们最后只得离开了，杨家被烧了个底朝天，然后邻近房屋也开始着火。

说来也巧，肩负着防火救火重任的侍卫步军司官员夏侯恪，那晚不知道他也有什么开心事，也喝高了，一晚上都叫不醒，结果整个救火机构运转不了。

参与救火的军人们手执火具，面面相觑，裹足不前，那些持桶取水的人竟然以空桶往来应付，负责拆屋断火路的官兵,则乘机索要钱物,眼睁睁地看着大火扑面而至。而当大火烧至酒库时,大家又一哄而上抢酒恣饮。

所有担负救火职务的人员,就这样眼巴巴地看着大火延烧,直到把他们自己的房屋也给烧干净为止。等到夏侯恪酒醒可以发号施令的时候,大火已经烧得无法控制了。

这场大火,一口气烧到四月二日,临安城区方圆近20里的建筑物无一幸免。灾后统计,将近19万人口受灾,拥挤践踏致死者不可计数,5万多家房屋被烧毁,御史台、司农寺、将作监、军器监、太史局、皇城司以及多个物库焚烧殆尽,整个南宋朝廷的行政机构几乎全被大火烧废了,官员们一度只能坐船在河里办公。

四月二十二日,就是临安超级大火灾后的第20天,宋宁宗对天下发布"罪己诏",随后大笔一挥,划拨了大笔的赈灾款。接着就是对这场超级大火灾涉案人员的处置了。

宋宁宗先是将杨浩贬官两级,流放到吉阳军,后又加重了对杨浩的处罚:开除公职,依法查办,刺面、发配到万安军。他那个酒醉发飙的儿子也是刺配千里之外。心慈手软的宋宁宗对喝醉贻误救火的步帅夏侯恪的处罚则是官降两级被放逐。

嘉定元年(1208)三月,临安城又发生了一场特大火灾。这场大火整整烧了四天四夜,结果皇宫以北的街区和房屋包括宫殿全被烧毁,可以说大半个临安烧成平地,至少六七万所房屋变成灰土。但官府不畏艰难,找不到办公的地方,就去西湖里的民船上指挥救灾。

在宋朝官方的档案中，中大型火灾比比皆是，甚至皇帝亲自过问的大型火灾多达平均每年一次。宋太宗雍熙二年"楚王宫大火"（《宋会要辑稿·方域志》）；宋真宗大中祥符四年"右掖门外民家遗火，延于内庭"（《宋会要辑稿·职官志》）；宋仁宗天圣七年"玉清昭应宫火"，烧毁宫殿"二千六百一十楹"（《宋史·五行志》）；宋宁宗嘉泰七年"居民遗火延烧内廷六百余间"；开禧元年"崇王元赐第以居民遗火，延烧不存"（《宋会要辑稿》）；等等。

据《宋史·五行志》《宋会要辑稿》和《建炎以来朝野杂记》等史书里的记载，南宋都城临安发生火灾73次。这是指烧毁房屋太多的大型火灾，皇帝在火灾过后亲自下令采取赈灾和救济措施。

防火策略的改善

南宋时期临安频发火灾,到底什么原因呢?经历过数次火灾的百岁寓翁在《枫窗小牍》中提出了自己的见解:"临安扑救,视汴都为疏。东京每坊三百步有军巡铺,又于高处有望火楼,上有人探望,下屯军百人,及水桶、洒帚、钩锯、斧杈、梯索之类。每遇火发扑救,须臾便灭。"也就是说,他认为杭州的救火措施较汴梁而言,比较松弛,因而发生火灾时,救火设施不足,难以及时扑救。

总体看来是房子建筑密度过高,而且建材易燃。具体到每次火灾,各有具体原因。有的是人为纵火;有的是雷电引发,如宋仁宗时玉清昭应宫大火;有的是因为火药爆炸;有的是因为粗心大意,导致小火延烧成大火;等等。

此外,临安人口密度较大,住宅自然紧张。当时南宋临安城区面积30—40平方公里,常住人口高达150万人,要高于现在北欧国家的很多中心城市。由于当时建筑技术的限制,宋代民居多为单层平房,所以当时建筑非常密集。失火风险,自然很高。

宋宁宗执政时期,经济社会持续发展,军事实力也得到提升。于是,宋宁宗在任内发动了开禧北伐,但由于各种主客观原因,北伐失利,被迫签订了嘉定和议。在宋宁宗统治后期(嘉定年间),南宋人口达到峰值,官方确立了江南禅院五山十刹的地位。史载宋宁宗政治能力并不出色,但他虚心好学,生活节俭,善于听取臣下意见。

南宋朝廷针对大火延烧中央官署的现象,汲取嘉泰元年(1201)之临安火灾之经验,终于意识到火灾的严重危害,得出"辇下繁盛,火政当严"的结论,从而把防火、救火工作列入临安府重要议事日程。

在朝廷中,有一大臣针对嘉泰元年之临安火灾,向宁宗皇帝建言献策,大臣曰:"臣知晓嘉泰元年之临安火灾损毁惨重,十八万黎民百姓顷刻成冤魂。臣愿为圣上献四策,若纳之,则再无此等大祸。"皇帝点了点头。

大臣续曰:"在官府坊巷,每两百步左右设置一军巡铺,设有兵卒三五人,夜间巡视防备贼盗烟火,兼管治安及消防,配备长矛若干、弓箭若干、水桶若干、火叉若干、铁锚若干、斧锯若干、消防梯若干。此乃臣之第一策也。"

皇帝言:"妙。"

大臣续曰:"陛下可在城内各坊巷设立固定的防隅官屋或望楼,施行'分隅任责'之制,日夜轮流巡查本隅辖区及各区烟火。如见烟火延外,白天以旗帜指引方向,夜间以灯指引,并配合府内救火队参加本隅救火或支援其他隅处灭火。此乃臣之第二策。"

皇帝言:"尚可。"

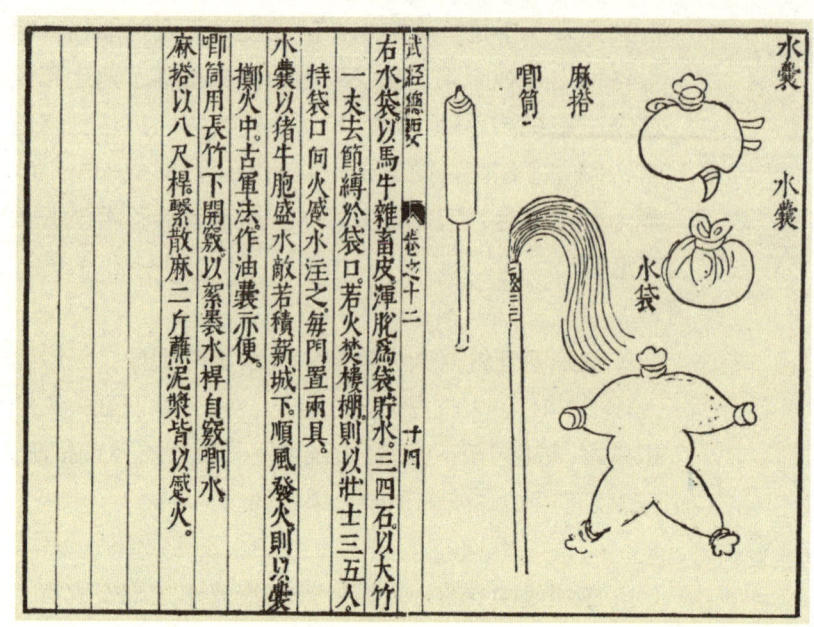

《武经总要》中的宋代灭火工具

大臣续曰:"陛下可在城外建立多个隅屋,加强城郊四周之防御。起火时为防止蔓延大火,以用斧锯、火叉、铁锚等来拆房。此乃臣之第三策也。"

皇帝言:"甚好。"

大臣又续曰:"陛下可设立临安府节制司,成立专业救火队,统一指挥与领导防火救火工作,赏罚分明。奖勤罚懒,如有不竭力救火或救火有迟误者,军法治罪。此乃臣之第四策也。"

宁宗皇帝大喜,接纳了其全部策略。在采取了上述防御措施后,防火救火工作取得了一定成效,火患有所减弱,次数有所减少。

此外,宋宁宗的继任者宋理宗也继承了这一策略。

据《宋史·五行志》记载，从绍定元年（1228）大火之后、到元军攻入临安府的近50年里，仅出现了4次大火。

"天干物燥，小心火烛"，不知从何时起，杭州的大街小巷有了这种"防火宣传语"。当一天的喧哗退去，大街小巷寂静无人之时，更夫们机械地敲着小铜锣，晃晃悠悠地穿街走巷，不停地吆喝着。

元代杭州，是东南地区最大的省会城市，人口繁多，工商业、手工业发达，海外贸易兴盛，城市经济繁荣。稠密的人口使得杭州城市内部空间紧凑，家家户户紧密相连，房屋间隔狭小，且又多以竹木为材料，一旦发生火灾，必然很快蔓延起来。此外，包括杭州在内的东南地区，佛教盛行，寺庙林立，这也是火灾多发之处。如保俶塔、六和塔曾经火灾至毁，昭庆寺三次毁于大火。在元朝统治杭州的90多年里，较大规模的火灾有28次之多。

元朝的防火救火措施，与南宋相比毫不逊色，元朝廷曾给各地官府下达命令，要求居民家家门前放置水瓮，使之积水常盈，家设火具，邻甲相保；同时，官府不定时地查验，凡救火之具不备者，按犯罪处理。若遇有大风天气之时，还要传呼于路以示提醒。

除此之外，杭州城夜间实行火禁，有专人巡行街市，若遇有人家灯火未熄，则留符记于门，第二天清晨传唤屋主于衙门讯问，若无合适理由则受处罚。对于无意失火以及故意纵火者，元廷都有严厉的处罚措施。

元世祖忽必烈时期，杭州火灾较少，这可能与实行火禁有很大关系。不过，世祖之后杭州火禁曾遭到取缔。

有一天，有一位官员碰巧遇到江浙行省长官高克恭，他问道："杭州火患众多，为何要松弛火禁？"

新一任的江浙行省郎中高克恭对曰："杭州城之小手工业众多，为大多百姓赖以生存之根基。若禁火，则百姓夜间劳作点灯必遮遮掩掩，在更加狭小之民房内而非空旷之地生火，则更易引发火灾，因而，杭州城应当松弛火禁。"

这一举措被元人称为"德政"而记载下来。松弛火禁固然有利于杭州手工业经济的发展，但因为生火的地方增多了，火灾防护之压力也增大了。

到元顺帝时期，至正元年（1341）的杭州发生了一场大火，元代有一位杨姓的官员正好记录了当时的火情。火灾后，杨大人与朋友们聚会，互相问候。

有一贺姓官员问杨大人："愚知晓杨大人亲临火场，目睹至正元年杭州城火灾之情，不知杨大人可否讲讲其中故事？"

杨大人曰："至正元年四月十九日之杭州大火损伤惨重，吾尚可讲其中一二。当天夜里，吾正准备解衣入睡，忽闻窗外叫喊声不绝于耳。吾立即走出寒舍，碰见吾房屋对面火光冲天，逐渐变为一火龙。该火龙在杭州城上空舞动其巨大火龙爪，似旋风一般，旋转不止；此刻，火龙外亦有阵风吹向火龙内，风助火势，因而火龙越变越大。

"众人见状，纷纷逃离火龙，不敢近其身。然而，有一两人身先士卒，不断靠近火龙，企图以水桶之水灭之。顷之，那两人与水桶皆被火龙吞没。吾见此状，亦吓得连连后退,不断奔走。又过了一时辰,官府带领大批人马赶来灭火,为首官员洞察火龙走势,知晓火龙随风而动之理后,立即谋划在逆风处阻挡火龙。

"只见众官兵疾走至火龙前方几里之空地上,在距火龙几里远的地方开挖深沟,深沟周围又放置有水缸,试图阻挡火龙前行。火龙行至深沟处时,虽停下脚步,可又转而向其正右方前行。官兵又疾走至其右前方几里之空地,开挖壕沟。又过了一个时辰后,火龙被困,杭州之百姓得救。"

杨大人说完后,那位贺姓官员十分满意地点了点头。

可不久,又有一好事者问道:"此次杭州大火伤亡如何?若伤亡巨大,波及粮仓金库,官兵又何以抚慰灾民?"

杨大人曰:"此次杭州大火共计烧毁官兵及百姓房屋、寺庙、道观一万五千余间,民房共计一万三千余间,官兵之房屋数为一千四百余间,寺庙及道观共计一千一百余间。受灾百姓达一万七百余户,烧死人口达七十四人,受灾不重且可自力更生之受灾百姓仅仅一千余户。

"至于何以赈灾,则有三大办法:其一,赈粮;其二,赈钞;其三,免苛捐杂税。赈粮之时候,若杭州城粮食不足,则上报朝廷,尽快从其余地方调取。若杭州城本地钞币不足,亦应当从其余地方调拨钞币。"

那位好事者接着问:"杨大人,为何此次杭州大火中出现如此诡异之火龙?"杨大人答曰:"火龙与当晚大风及杭州城稠密之民居息息相关。其一,杭州城稠密之民居大多用木板,房间鳞次栉比,民居内多香火,使得小火变大火;其二,火势变大以后,多股风不断进入火场,火受风力则旋转,似一条龙,此为火龙,吾不信其为神所造,以众人皆懂之常理来度之。"

此外,在采取防火救火的措施之外,神灵崇拜与"天人感应"观念也对元人有着重要影响。在火灾认知层面,元代平民百姓深受"天人感应"观念影响,很少有人用唯物的观点来解释火灾的具体成因。

在传统文化的影响下,元代百姓皆十分畏惧神,遇到火灾时候大都将希望寄托于神。

相传原先在杭州长生老人桥西边有座显忠庙,用以供奉汉朝大将军霍光,俗称霍使君庙。最初人们信奉霍使君的原因是他能捍御水患,而到了元代,百姓又将避除火灾的功用寄托在他身上。

对于当时的官员和百姓来说,火灾的发生就是老天爷给予的警告与惩罚。针对这种警告与惩罚,当时的皇帝以及官员和大多数百姓皆去自省和祷告,祈求老天爷原谅自己的过失。当然,这客观上也会令时人重视火灾问题,有助于救火策略的改善。

明清治火能力提升

第八章 防止火灾 制度渐善

明朝时期，杭州的防火水准较元代有了一定的进步。具体而言，在明朝前一百年的时间内，杭州几乎没有发生重大火灾。之所以没有发生重大火灾，一方面可能得益于防火措施的进步，另一方面可能与《大明律》对失火罪和纵火罪的严惩有一定的关系。以皇帝朱元璋杀伐决断的个性，无论是对失火者还是纵火者，罪行皆会严于南宋和元朝。

在杭州防火措施层面，明前期一位杭州知府据大明皇帝旨意，制定了六大措施。为宣扬这些措施，这位杭州知府大人亲自到处走访宣传。一日，一老翁遇到正在走访宣传的杭州知府大人，求知府大人讲讲这六大防火举措。

于是，知府大人曰："吾之六大防火举措内容繁多，老人家若能领会一二，吾便知足矣。"

知府大人续曰："其一，杭州城须尽快组建专门消灾防火之兵——火兵，兵丁皆须配备有水桶、竹梯、斧头、锯子等救火器具。其二，杭州城须推行火甲制度，强化分区防火之责，带领兵丁夜间巡逻，以防火防盗。

老人家言："此二策诚然便民，吾已万分欣慰。"

知府大人续曰："其三，杭州城须在居民密集之地加建防火墙以防火灾蔓延。其四，知府出资，鼓励百姓砌有兼具防火防风之马头墙。其五，巡查佛堂和藏书楼等处之防火，令杭州寺庙和祠堂等建筑加装避雷避火之铁器。其六，官民库房、厨房及作坊墙上须贴有'小心火烛'之志，将'火'字倒着写，以引起百姓之好奇与重视。"

那位老人家听后，高兴地点了点头，夸赞知府大人之英明。这些防火措施的健全，使得成化十年（1474）以前的100多年间，杭州几乎没有发生大的火灾。当然，那时人力物力极为丰富，一旦发生火灾，官府防火举措可迅速生效，因而重大火灾数量并不多。

然而，从成化十年开始至明朝灭亡的170年间，重大火灾却时有发生，并且受灾户多在千户以上。据《民国杭州府志》记载，自嘉靖朝开始至明末这100多年间，发生大小火灾20多次，平均四五年有一次较大火患，其中受灾一千户以上、受灾面积方圆在五六里以上的达7次，约占火灾次数的三分之一，延烧达一万户左右也有两次。

虽然这些火灾的发生与明朝中期政治军事实力弱化，贪污腐败盛行有一定关联，但我们亦不能忽视明中期杭州本地军火工业的增长以及倭寇的来犯对火灾的增加起到的作用。如果处于倭寇侵扰的不利情形下，平民与官府的人忙于逃命，一旦发生火灾，这些防火措施则形如虚设。

到了明代中期，尤其是嘉靖时期，倭寇不断侵扰大明东南沿海地区,杭州也不例外。为了防御倭寇,很多兵丁都被集中起来训练杀敌之法,火兵也不例外,原先的火甲之制几乎废弛。

明嘉靖三十四年(1555),有一老者自言自语:"百余年前杭州老知府所制六大防火之策如今皆已不用,夜间巡逻防火之兵丁早已不见踪影,防火墙更是只有富贵人家才有的稀奇物。"

老者向远方望了望,续曰:"眼下杭州城多木材与木屋,时有倭寇侵袭,稍有不慎便可酿成火灾。恐杭州城又将遭火劫,这等情形怎可安心入睡?"那名老者话音刚落,便发现西湖方向燃起熊熊火焰,火焰随风往老者家方向窜去。

老者此时浑身发抖,连扇自己嘴巴,拿上贵重东西往反方向逃离。除了那名老者外,杭州其他百姓也火速逃离自己家园,他们惊慌失措地大喊:"倭寇来了,失火了!"

百姓发现倭寇侵袭杭州城后,立即报官府。可官府虽然集中了大批人马,但却将其集结在城墙工事内"守株待兔",不愿出来。而此时倭寇正在西湖旁大肆纵火作恶,残害百姓。

倭寇们仅仅因为怀疑塔内埋伏着士兵,便焚烧了著名的雷峰塔。此时的雷峰塔火光冲天,塔中木质结构几乎毁尽,仅仅剩下砖砌的塔身,塔中所藏珍宝与书目亦随着火光化为灰烬。

过了好几个时辰,杭州知府得知消息,立即带大队兵马赶往西湖雷峰塔处,却发现倭寇早已逃离,于是质问手下:"之前有百姓上报倭寇来袭,而汝等明明知晓此事,为何皆龟缩在衙门内?阻拦倭寇乃汝等官兵之本职,为何偏要等本大人亲自杀敌?"

手下对曰:"大人,您有所不知。那倭寇虽矮,然其倭刀锋利且长,非吾能比。吾等杂兵之兵器仅仅为木棍、短刀、斧头、匕首,与其一交手,木棍刀斧俱断,只能逃命求援。"

知府大人曰:"倭寇竟然轻易突破杭州城涌金门海防巨炮之防御,炸毁巨炮,残害百姓,烧毁雷峰塔,犯下不可饶恕之罪。待吾集合全杭州优良之勇士,倭寇却避吾之锋芒而遁去,令吾等痛恨。"

到了清代,除康熙时期以外,其他年份很少出现大的火灾。与前朝相比,清代火灾的总趋势是日益缓和,火灾次数日益减少。

清初著名学者毛奇龄在《杭州治火议》中提出火灾之后新建房屋必须改用砖瓦为材,违者以非法处之,并拆其所造之屋。

乾隆十七年(1752),浙江省颁布了《治浙成规》,这是一个内容比较完备的地方性消防法规。《治浙成规》提倡改革住房结构,逐步用砖瓦房代替易烧的竹木房屋,提高防火功能。此外,该法规对如何防火救火、打击纵火犯亦有重要的指导作用。

杭州城有专门的救火兵丁、救火义役、救火夫头。救火兵丁们所用的机桶(水龙),在当时是十分先进的救火器具,也是现代消防车的雏形。据《康熙仁和县志》记载,当时杭州城内居民住宅稠密,经常发生火灾,由于扑救不力，造成很大损失。

为此，总督刘公从守城部队中抽出 40 名身体强壮、行动敏捷的兵丁组成一支灭火队伍，专门担负城内救火任务。这些救火兵丁身着号衣，头戴号帽。号衣背后缝制一方白布，上面书写"杭协营救火兵丁×××"，字迹粗大明显，并盖以印文。

经过多年的努力，杭州府的火患得到了初步控制。雍正、乾隆两朝共 74 年中，除了乾隆五十六年（1791）杭州镇海楼火灾外，地方志书中几乎没有火灾的记录。

虽然清代火灾数量总趋势是逐渐减少的，但到了后期，清朝政局日趋不稳，地方吏治日益腐败，杭州的火灾数量又出现增长的苗头。

光绪二十三年（1897），浙江巡抚制定了杭州通商场巡捕地段责任规定，强调了救火时先救人后救物的原则。

这一决策虽然是正确的，但从防灾角度来看，依然难以避免杭州城重大火灾事故的发生。光绪二十四年（1898）十一月初四，杭州城水星阁旁边的火药局发生爆炸。

这天傍晚，杭州城内灯笼满城，家家灯火辉煌，香火不断，厨灶中烟火不绝。

百姓家中之长者与孩子纷纷跪在神像面前，祈祷平安；而街上行人穿梭在万家灯火中，欣赏那璀璨的杭州夜景。杭州城火烛如此之盛多，如不警惕，必然酿成巨灾。

然而更大的隐患则是火药局，周边虽有河流包围，但密不透气，粉尘多，炸药多，是杭州城内火灾的最大隐患。

果然，在这天傍晚六点，杭州火药局突然瓦片乱飞，火光冲天，火药局城堡内发出震耳欲聋的响声，整个杭州城也突然亮光四射如白昼，天空也一片赤霞。

一开始，水星阁旁有许多百姓以为是小地震，不必太在意；然而他们一出门便看到巨大的火光照亮了整个杭州城，顿时吓得四散而逃。

此时，有很多救火兵丁赶到毁坏的火药局周围，以手中水龙灭火；然而效果并不好，无法阻挡火势的增长。

为了防止发生二次爆炸，救火兵丁们暂时撤离这里。此时火势已经突破火药局周围的壕沟与河流，蔓延至岸上的百姓家中，救火兵丁准备在火药局原来的壕沟外再次开挖一条防火沟，以隔离火势，同时派人增援，把其他地区的水龙也调取过来，力图速战速决。

救火官兵们经历了一天的奋战，由于措施得当，这场大火终于被扑灭了。到了第二天，《申报》有一记者在当地人带领下前往火药局废墟中，试图探明此次火灾之详情。

事后，有人让那位记者回忆当时的情形，记者回忆道："吾尝行走至观桥以北，见两岸百姓之房屋皆毁坏，沿途因火灾爆炸崩塌之砖瓦房不计其数，如乱坟岗一般。杭州城法国天主教大教堂固若金汤，依旧有烧毁之处；仁和仓桥边之朱天庙、天水桥边东岳庙皆备有水缸，依旧变得破败不堪；火药局旁水星阁附近民房虽有所谓神之庇佑，依旧经历了连烧带炸之磨难，荡然无存。此次灾祸震倒了民房二百余所，损坏者不计其数，居民死伤者为七十余人。"

在火药局爆炸惨案结束后，有人造谣是洋人在山上开炮，致使火药局爆炸。有人问杭州府太守："此次灾祸是否为洋人炮击引起？"

当时的杭州府太守林启曰："此次火灾爆炸事件是雷电以及管理者漫不经心所致，与洋人无关。那时傍晚，天干物燥，不知为何突发雷电，引燃火药库一角。此时火药库未爆炸起火，可看守者此时只顾逃跑，放任不管；且火药库看守者久未开窗，致使烟尘弥漫，小火变大火，大火烧毁弹药，卒酿成爆炸。"

在火药局爆炸惨案发生前，杭州民间大多迷信水星阁防火；惨案发生后，杭州百姓对水星阁防火的传闻产生了怀疑，对火药局的危险性和警惕性提高。杭州府将火药局内残余炮弹等危险品运往其他地方储存。

宣统二年（1910），浙江巡抚公布巡警道评定省城（杭州）消防拆屋摊贴章程，规定在城镇发生大火时，以破拆房屋、截断火路等隔离措施来灭火，凡被拆屋之受灾户，不得直接向左邻右舍索取，以免发生纠葛。

宣统三年（1911），杭州城终于成立了现代意义上的消防队，由警察局管辖。消防队添置了"水铳"等新式救火器具，在柴木巷、方福弄等处建造瞭望台。

杭州城官府曾在显眼处悬挂铜钟，昼夜派巡警瞭望，如有火患先是警钟乱鸣，闻钟后作好"出龙"准备，鸣一下表示火灾地区为上城区，二下为中城区，依次类推。

经过浙江杭州府和民间的努力，杭州光绪末到宣统年间基本没有出现大规模的火灾记录，这也证明了近代杭州防火办法在不断完善中。

第九章

杭州赈灾　善心为本

乾道元年（1165）二月三日诏……细民流移，甚可矜恤，仰守令多方措置赈济……九日……差监察御史程叔逵御下躬亲，前去检察。十一日……窃虑有赈济未尽……专一措置赈济饥民，毋致失所。——《宋会要辑稿》食货五八之四

"荒政三策" 抵御灾荒

范仲淹是北宋时期著名政治家、文学家,在抗灾赈灾方面的功劳至今亦为后人所称赞。范仲淹早年丧父,母亲改嫁。长大后的范仲淹在得知身世后,伤感不已,前往南京应天府(今河南商丘)求学。由于家里贫困,范仲淹只能住在破庙读书。到了吃饭时,范仲淹就把数十根野菜切碎加热,把预先准备的"粟米粥"拿出来简单应付,成语"划粥断齑"就来源于此。

北宋明道二年(1033),范仲淹因与宰相政见不合,被贬到睦州。范仲淹在睦州上任虽不到一年时间,但他在这里建书院,兴修水利,鼓励农桑修缮东汉严子陵祠堂。

他修缮东汉著名隐士严子陵的祠堂,撰写了《严先生祠堂记》,留下"云山苍苍,江水泱泱,先生之风,山高水长"的千古名句。这既表明他尊敬之情,也体现为黎民百姓贡献智慧的心迹,可视作他后来施行"庆历新政"以及"荒政三策"的思想基础。

宋仁宗庆历三年(1043),范仲淹应诏,向宋仁宗上《答手诏条陈十事》,提出了以整顿吏治为中心的改革——"庆历新政"。

范仲淹"庆历新政"改革的核心内容是裁减冗官，精简机构。然而，这却触动了很多人的利益。新政遭到重重阻挠，后来失败。庆历五年（1045）初，范仲淹等改革派相继被排斥出朝廷，各项改革措施被废止，新政宣告失败。

庆历六年（1046），范仲淹又到邓州做官，应其好友岳州知州滕子京之请，为重修的岳阳楼创作一篇记文，此文显示出洞庭湖"衔远山，吞长江"的"万千气象"，抒发出"不以物喜，不以己悲"的仁人之心，表达出"先天下之忧而忧，后天下之乐而乐"的忧国爱民之情怀。

到了皇佑元年（1049），范仲淹来杭州做知州，却没想到第二年就恰遇杭州大旱。

此次大旱使得整个两浙路出现饥民流离失所，粮食短缺，粮价飞涨，百姓卖儿卖女求生存的艰难局面。

范仲淹赶赴府衙后，即刻命人清查府库钱粮，做好赈灾准备。过了几日，各地果然传来闹灾荒的消息，仅吴中地区就有灾民上万人。范仲淹也没想到灾情如此严重，急忙奏报朝廷，请求赈灾。

这日晚间，忙碌了一天的范仲淹回到府中休息，想到越聚越多的灾民和日益减少的粮食，他不禁犯起了愁。朝廷的赈灾款项一时救急，即便到了杭州，恐怕钱粮数额也坚持不了几日，虽说他前些时日已经上书请求减免税赋，但也不能立刻见效，当务之急还是尽量筹集钱粮，救济灾民，可这钱粮从何而来呢？

范仲淹一路思索，缓步来到书房，这几日忙着赈灾，每日练字的习惯也放下了。想到这，他便来到书桌旁，服侍的丫鬟见状忙上灯磨墨，不小心将书桌上的一个物件带落到地上。范仲淹看了一眼，原来是一封请柬，上书灵山寺，丫鬟见官人打量，连忙将请柬拾起递给他。

范仲淹打开请柬一看，原来是灵山寺的住持约了杭州境内几座大寺的僧人，还有一些当地有名的士绅一起品茶论经，特意邀请他这位杭州知州赏光参加。

范仲淹心知，赴任杭州后，还未去过什么寺庙，对方一是看中他的名声，二是因为他的职务，才特意邀请他，并写明何时聚会全看范知州方便。他本来无意参加此类

范仲淹像

宴请，自施行新政受挫，远离中央以来，他心里对这类人情往来越来越厌倦。

但出于政治本能，范仲淹也知道，这类地方上的士绅名流，还是不要轻易得罪，尤其是灵山寺这样的大寺庙，杭州一带不少百姓笃信佛教，这些寺院不但得了信众的香火钱，还能聚拢人心，尤其是眼下正是赈灾的环境，各个寺院也或多或少能布施些粮食。

想到这，范仲淹觉得还是先了解下这场聚会的发起方灵山寺。他知道女眷们曾经去过那里，便问起丫鬟这灵山寺如何。丫鬟见官人未曾责怪她笨手笨脚，暗自松了口气，将她的见闻一一道来。

原来这灵山寺历史悠久，去祭拜的人从早到晚络绎不绝，就是寺院算不得大，略显拥挤，去寺院的路也不太好走，遇上风雨，去的人便去不得别家寺院了。但这处寺院还有个好去处，登高后恰好能看到山下不远处的大湖，湖面上经常有百姓组织的赛舟，很是热闹。

范仲淹听到这，心思一动，心里有了赈灾的新办法了。第二日，他便派人前往灵山寺，说他三日后即可赴这场盛会，到时还请寺院广邀其他寺庙的住持，一同品茶论道。

三日后，范仲淹如约而至，灵山寺住持领着一大帮僧人，在寺庙外热情迎接，待到宾主纷纷落座，泡上上好的径山茶，这场品茶论经大会正式开场。等到中午时分，住持正要准备带领众人前去品尝素斋时，范仲淹提出久坐论经，吃饭前不如先在寺庙中游览一番。住持欣然答应，便与其他几间大寺庙的住持僧人，陪着范大人转了起来。

灵山寺不大，不一会儿就转了个遍，范仲淹见时机已到，便对灵山寺住持说道："大师，我见寺院僧人众多，但屋舍简陋，为何不扩建修缮一番？"

住持听言，回答道："承蒙知州大人过问，本寺前段时间正准备扩建僧舍，翻新大殿，但奈何所费巨大，一时未能动工。"

范仲淹听后，没有说话，一行人正走到一处开阔处，能看见山下的城镇和熙熙攘攘的行人，范仲淹指着山下说："如今恰逢灾荒，饥民遍地，他们所求不过果腹而已，如果大师招揽灾民动工修建，想来可以省下不少银钱，也符合佛家劝人行善之意啊！"

一众僧人听后，稍加盘算，确是如此，便纷纷赞叹范大人果然胸怀苍生，仁德无双。范仲淹见状，又提议道："今日论经，尚有不少难解之处，以后能否与众位高僧大德一起泛舟湖上，再行请教啊？"僧人们正想着如何能交好这新任知州，对这个提议自然是纷纷赞同。

实际上，面对饿殍遍野的杭州大灾荒，范仲淹作为地方的最高长官，除了发放粮食衣物的常规性赈灾之策外，还采取了下述不为常人所理解的"荒政三策"。

第一策是召集工价极低的饥民大兴土木。对于这一条，范仲淹向其贴身下属解释道："饥荒之年，杭州穷苦百姓当务之急为食能果腹和饮能解渴，此足矣。换言之，仅需填饱肚子即可使得众饥民皆大欢喜，工钱多少与否先不必在意。吾筹谋发动众饥民修缮寺庙、仓库、钱库、官舍、学堂等地新旧房屋，以此安定之。"

那位下属疑惑不解："饥民大多骨瘦如柴，何以修缮寺庙？"

范仲淹答："先让其果腹，复其体力，随后再令其帮忙修缮寺庙、官舍等地，待其完工后再犒劳，劳酬不在于多而在于能使民果腹。此外，吾等应尽快去拜见本地各大寺庙住持，令其安置灾民翻修寺庙，打开粮仓。"

范仲淹等人采取行动后，各大寺庙陆续开工，各官舍和仓库翻修工程亦不断展开，饥民也得以果腹。

第二策为"纵民竞渡"。范仲淹了解到吴越人有崇尚佛事以及喜爱舟船比赛的传统，决定"纵民竞渡"，让富人们尽情游山玩水。

正当范仲淹向下属展示此策之优势时，下属却问："大人，恕下属直言，大灾当头应以体恤灾民为重，为何出如此之下策？"

范仲淹道："不必惊慌，此策实乃救济灾民之良药。杭州城从事贸易饮食之商人船夫有万人之多，大多为穷人，而在大灾当头能游玩之人非富即贵，其游玩竞赛必耗费银两，以富人之财惠贫者，定能济贫。"

于是，范仲淹大力开展龙舟大赛和"冲关挑战赛"。自春至夏，城中富豪呼朋唤友齐聚西湖，纷纷空巷出游，尽情玩耍，寻欢作乐，喜气洋洋。

第三策是抬升米价。这一策初看好像在官逼民反，发国难财，实际却另有道理。

贴身下属得知该策后，又问："范大人，恕鄙人不敬，哄抬粮价之举可逼灾民造反！望大人三思。"

范仲淹道:"少安毋躁,且听吾慢慢道来。因粮荒,粮食供不应求,粮价猛涨。如今一斗米 120 钱,吾索性将米价提升至 180 钱,并沿江张榜,大肆宣扬。外地米商听闻此事,必定日夜将粮食运到杭州,此举可带动河运行业之兴旺。待到粮食充足之后,粮价即可复原。奸商之举动亦得以遏制。"

那位下属恍然大悟,连忙赞叹范大人的天才之举。

范仲淹的这个"荒政三策",的确让人匪夷所思,除了那位贴身下属外,范仲淹对其他属下左右皆三缄其口,秘而不宣。

一旬后,杭州各大寺院开始大兴土木,招揽灾民参加工程建设,所得银钱不多,但管两餐饭食。灾民们正发愁官府的赈灾粮食不够吃,便纷纷涌入各大寺院寻找工作,同时范仲淹也招募工人兴建官家谷仓及吏卒官舍,每天募集的工人多达一千人。

到后来,一些小寺庙也动起了心思,开始翻新扩建,一时间杭州府内到处可见正在施工的工地,无所事事的灾民倒是越来越少。

同时,范仲淹鼓励百姓举行赛龙舟,他拉着一众杭州府内的士绅名流,在湖上观赛宴饮,这些有钱人的家眷也纷纷在湖边观看比赛。附近心思活泛的百姓,就备上酒水吃食,竹伞草席,在湖边售卖,赚上些小钱。

到后来,不少百姓也扶老携幼到湖边观看赛舟,一些灾民干起了自己擅长的手艺,有做吃食的,有编灯笼的,有耍把式的,等等。

从春至夏，赛舟一直持续，有活干、有收入、有饭吃，灾民们慢慢地都平稳下来。过了一段时间，不用官府劝导，有了积蓄的灾民就陆陆续续返回故里，重建家乡了。

可是掌管监察的官员，却认为范仲淹不体恤荒年财政困难，竟鼓励百姓划船竞赛，寺院大兴土木，既劳民又伤财。

于是，政敌们抓住时机准备上奏弹劾这位范大人。在上朝之时，一官员曰："范仲淹在杭州荒灾肆虐之时，不仅在游湖竞舟，游山玩水，且大兴土木，劳民伤财。吾甚至还听闻其私自官商勾结，致使杭州城米价疯涨，民不聊生。灾荒之时，杭州城穷苦百姓或以献妻入府，或以卖女入阁。而范公对此不闻不问，竟以游玩为大。众人皆望将其革职查办，望陛下三思。"

宋仁宗不悦，召范仲淹。范仲淹这才拿出奏折，上奏陈述其做法之道理。

范仲淹上奏说："臣所以鼓励百姓宴游湖上，寺院、官府大兴土木，其用意正是借有余钱可花的百姓，嘉惠贫苦无依的穷民，使得靠出卖劳力生活的百姓，能依赖官府与民间所提供的工作机会生活，不致背井离乡，饿死荒野。"

范仲淹陈述的大意是：闹饥荒时，穷苦百姓皆缺钱，但寺庙、官府及商贾手中总是有一点钱财的，大力修缮庙宇、钱库、仓库、官舍等房屋，可使得饥民通过版筑营造之事获得口粮，食之果腹，何乐而不为？

通过"纵民竞渡"之策，富人之财可流入商贩手中，使得数以万计之商贩温饱得以解决。通过涨价，使得周边地区物资尽快调配至杭州,促使粮食供过于求。这不但可以使粮价回落到正常水平,而且还可带动船运、存储等其他行业,让百姓从业者从中受益,获得度日之粮。

没过半年,"荒政三策"显出良效,受灾严重的两浙地区,只有杭州秩序井然,民不流徙。宋仁宗称赞范仲淹的创新做法,"荒政三策"的相关做法也被写进了大宋朝廷的赈灾条例。

此外,范仲淹三策中的召集饥民大兴土木"以工代赈"的做法,也是"授人以鱼,不如授人以渔"的妙用。

范仲淹在杭州任职之时,年事已高,弟子们就劝他在西湖边建一座别墅用于养生,他对此坚决推辞。范仲淹所担忧的是在位高而难退,不担心退而无居。

这之后,范仲淹捐献了毕生大部分积蓄,在家乡苏州购置良田千亩,设立义庄。义庄之地租用于赡养同宗族的贫穷成员。

此外,范仲淹还亲自审定义庄的规则,即义庄基本运作模式,包括日常的领取口粮、婚丧嫁娶之费用、灾荒年月之赈济等等。

义庄的救济面虽然受家族的限制,但是受益者的数量还是比较广的。义庄是我国史料记载的第一个非宗教性民间慈善组织,其生存能力强,运作良好,即使到了八百多年后的清朝宣统年间,依然有大量田亩。

北宋皇祐四年(1052),范仲淹奉诏转任颍州,于上任途中病逝,享年 64 岁。他倡导的"先天下之忧而忧,后天下之乐而乐"的伟大胸怀对后世仁人志士影响深远,他巧法赈灾、善心救人,"先生之风,山高水长",也正是对他一生的真实写照。

第九章 杭州赈灾 善心为本

社仓之法　赈灾临安

朱熹，我国著名理学家和诗人，他生于南剑州尤溪（今福建尤溪县），祖籍徽州府婺源县（今江西婺源），曾任职于江西南康（今南昌）、福建漳州以及临安等地，在这些地方担任过知府等职务。

据《民国杭州府志》记载，宋孝宗淳熙八年（1181），临安一带先涝后旱：

> 淳熙八年（1181），四月……雨腐禾麦，五月，久雨败首种。六月，浙西大饥。临安府七月不雨至十一月。秋，大旱……冬，行都饥。

面对灾情，朝廷急令赈灾能手朱熹赶赴浙东，并要求其尽快上奏良方，为朝廷抗旱救灾所用。为什么朝廷在这次临安大灾中想起这位赈灾能手呢？这要从朱熹在乾道四年（1168）治理崇安（今福建武夷山）水灾的经历说起。

乾道四年（1168），崇安发生大水灾，由于地方官员疏于抗灾救荒，崇安发生了饥民暴动，朝廷派朱熹前往巡视处理。朱熹不仅请求朝廷发粮赈济，还与崇安知县共同发起倡议，要求地方豪富，用多余库存的粮食赈救饥民，这才平息了饥民的暴动，由此朱熹便有了"仿古法，建社仓以储之"的想法。

这一想法经过一系列实践，成为宝贵的抗灾经验，而这一成功经验为朱熹后来上奏的临安抗灾良方打下了坚实的基础。

淳熙八年（1181）二月，朱熹邀请陆九渊来白鹿洞书院讲学。白鹿洞书院位于庐山五老峰南麓，始建于唐，宋初扩建为书院，后来毁于兵火。坐落于杭州附近的无锡的东林书院遗存至今，在古代也是学士论道之处。

就在朱熹与陆九渊授徒讲学与论道之时，朱熹于八月份接到朝廷诏令，"提举浙东常平茶盐公事"。朝廷此番急令朱熹赴浙东任职，正是因为他创建了一套行之有效的"社仓赈灾"办法，并且在南昌任职期间为官有道，为民爱戴。更为重要的是，临安的抗旱斗争也急需朱熹的良方。

然而，让朝廷感到意外的是，朱熹竟然再三请辞。心系浙东灾情的大诗人陆游着急了，赶忙给朱熹寄去一首《寄朱元晦提举》。

陆游有所不知的是，朱熹在南康任职时，碰上南康饥荒，有人捐粮赈灾，朱熹奏请朝廷奖赏，但朝廷迟迟没有兑现。直到十月份，突然传来南康捐粮者得到奖赏之消息，朱熹才接受朝廷之任命，赶赴临安。

朱熹一路巡查，除了临安外，朱熹指挥了几乎整个浙江的抗灾赈灾斗争。他在视察浙江灾情时鼓励富户捐献米粮，煮粥施济灾民。朱熹在检查浙江官办与商办米场时，查出了浙江不少官吏侵吞公款，漏报饥民，于是数次上奏弹劾这些不法官员。

经过朱熹社仓之法的实施，台州等地的抗旱工作很快取得了进展。

然而，此时的行都临安因缺乏抗旱经验，却陷入了被动局面。

宋孝宗在朝廷大怒："临安大旱，饿死者甚多，灾情重大，如今又粮价飞涨，奸商投机，饥民暴乱，实难以应对。原先朱熹救灾之方为何还未送到？朕先前传达朱熹之圣旨，即命其先解临安之急，献良方。其竟如此懈怠，弄得如今浙东仅临安仍未脱险！"

经人催促，朱熹将在台州等地的经验写成奏折上奏宋孝宗，在奏折中着重介绍了其创立的社仓之法。

朱熹奏："陛下，臣此次浙东抗旱之良方未能及时送予陛下，致使临安灾情加重，请陛下责罚。臣此次抗旱功劳应归于社仓之法，此乃救灾之良方。社仓起源于隋代，因'立于当社'，故名社仓，多见于城市。乾道七年五月，吾在崇安五夫，创建了'五夫社仓'。"

朱熹续曰："臣主张将赈灾存储放在临安民间乡里，管辖之权仍属临安官府与朝廷。社仓之要务为青黄不接之时贷谷给农民，每一百钱取息二十钱，如此，即可不向豪民高利贷粮。若有小饥荒，息利可减半，若有大饥，则百姓可免利息。诚然，设立社仓可防农民暴动。若陛下用于临安，则临安之秩序得以保障。"

此时朝中一名官员亦言："臣亦希冀朱子'五夫社仓'

富义仓

之法能用于临安。吾听闻'五夫社仓'建立后,历经数年亦可实用,才知此法之牢靠。另外,此法既可避免官备常平仓因发灾地域偏远尤其是处于深山幽谷之地而显现出'远水解不了近火'之苦,也可使穷苦之农夫在青黄不接之当口得以急救,由社仓给予低利借贷。望陛下采纳此法,以解临安之灾。"

宋孝宗曰:"由此观之,社仓之法既可有灾赈灾,亦可无灾济贫。此外,社仓之法还可杜绝临安地方大官对官存赈灾粮之侵吞,以及因疏于管理而霉变之损失。利多弊少。朱熹先前在崇安、南康等地皆以此法救灾。朕愿尽快接纳此法,将其为临安灾民所用,临安灾情定能转好。"

淳熙八年(1181)十一月,宋孝宗对朱熹上奏的抗灾赈灾之策颇为赞赏,认为其良方定能力挽狂澜。同时,宋孝宗正式颁布社仓法,开启了乡里民间储粮备荒之先河，成为民间储存、官方备荒和社会救济之主要形式。

在宋孝宗授权下，临安城也在这时采纳了朱熹的办法，临安城试着征用了很多达官富商的粮食和仓库来建立公共社仓，救济了临安穷苦百姓，使得临安士族、农民与商人有了可以果腹之保障，临安城中的热闹局面也逐渐恢复起来。

然而，就在此时，社仓之法受到了临安城官员和富人的一些质疑。有一临安官员上书皇帝："陛下，恕臣直言，临安城采纳社仓之法虽上承唐义仓法，以百姓民生为重，可其对官员地主以及富贵商人极为凶残，临安各大官员无不深受其害。吾等仓库粮食被征用后，吾等地主官员反而致贫。换言之，陛下推行朱公社仓之法，即以吾等官员地主之血肉之来喂饱临安城之饥民，望陛下三思啊！"

临安城采纳了朱熹的良方社仓之法后，虽遭到地方部分势力的抵制，但还是发挥了较好的赈灾效果。

朱熹作为一位集理学大成的学者、一位建立社仓勤政为民的官员，为杭州带来恩惠，永远留在人民的心中。

兴修水利　赈灾长计

唐代大诗人白居易在担任杭州刺史期间（822—825）为西湖清淤抗旱的故事，为后人所称赞。

白居易从小聪明过人，努力上进，贞元年间通过了进士考试，被朝廷授官。但其性情耿直刚正，曾经多次向皇帝直谏，得罪了不少官员，因而时而被贬官。

长庆二年（822），白居易因为在都城长安受到冷落，难忍朝廷的腐败无能，于是向唐穆宗提出请求外任，最终得以批准，被任命为杭州刺史。

在上任路上，白居易一想到杭州，脑海中就浮现出湖泽连片、灯火通明的风景。然而，白大人一到杭州城，就在城墙外遇到了大旱和饥民暴动之情形。

见此情形，白居易当机立断，顾不得杭州城内官员的接待，立即冒着危险，驾车前往杭州民乱之处实地勘察，命令随从将携带的粮食、钱财甚至旧衣物全部分发给饥民。分发完成后，白居易才驾车进入杭州内城，与城内官员商量对策。

在商量对策过程中，有一官员试图建议白居易办理大型祈雨活动。那位官员说："白大人乃刺史，地方之长也，率民求雨，定能感化上天。"

于是，白居易带领众官员与百姓一连举办了数次求雨活动，但并没有展现出效果。天空依然艳阳高照，大地依然干涸龟裂，饥民依然不断增加。

眼看祈雨办法无用，白居易又把希望转向了兴修水利，把目光投向了钱塘湖。钱塘湖即今天的西湖。

于是，白居易又召集当地大批官员召开会议，在会议中宣扬西湖水对于杭州地区灌溉抗旱的重要性。

他对钱塘县令说："钱塘抗旱之重在于钱塘湖，而钱塘湖抗旱症结在于如何在雨季增蓄雨水，如何在旱季放湖水入河，放河入田。若钱塘湖整治好，则湖周边千余顷农田定无忧矣。"

钱塘县令答："白大人，增蓄与放水之举可使钱塘湖鱼龙无处藏身，湖中茭白、藕亦难以生存，望大人三思啊！"

白居易反驳道："如今饥民遍地，饿死者无数，鱼龙与人之命孰贵？茭白、藕与稻米相比，孰轻孰重？"
钱塘县令道："大人所言极是。"

白居易续道："钱塘湖放水灌溉良田乃利民之策，湖水每放一寸，可灌溉十五余顷良田，吾听闻原先钱塘百姓求放湖水之时，须历经十余日，实乃烦琐。百姓先将公文送达衙门待刺史批复，再将公文下发至县，县再下发至乡里，最终才得以放水，可良田早已干枯，损失极大。若吾等官员以民为天，化繁为简，旱情来临时，民之良田定能转危为安。"钱塘县令附议："妙极。"

这时，又一县官曰："白大人，城郭内六井与钱塘湖水相通，若放钱塘湖水，则城郭内六井旋即无水，望大人三思后行。"

白居易答："吾知晓郭内六井乃李泌所作，利民之井，与湖相通。然而，吾先前在城外听饥民称钱塘湖湖底高于城内六井井管，即便抽尽高处钱塘湖水，低处六井亦有低处之水可用。而钱塘湖湖底又有十眼泉水，湖耗则泉水上涌，难以抽尽，也不会抽尽。"

那位县官道："白大人乃神人也，下官佩服！"

白居易言："各位尽管放心，待吾修好钱塘湖堤后，城郭内六井井水会增添不少，城中百姓饮水难亦得以解决。修筑钱塘湖湖堤，每高加数尺，则钱塘湖水亦随之增加。干旱来临之时，犹有湖水可入河入田。"

说完，白居易就带领众多官员以及地方农民一道修筑钱塘湖湖堤。这一湖堤虽然如今已无迹可寻，但"白公堤"的名称却保留了下来，供后人纪念。

建好"白公堤"后，白居易却发现城中六井之水并未增加。他意识到可能是六井之水与钱塘湖连接之处发生了堵塞，需要立即疏通。于是，白居易针对杭州城六井的堵塞问题，带领手下疏通其与钱塘湖相连的"阴窦"管道，使其中的井水更加充足有保证。杭州城的百姓通过疏通好的六井获取了更多的清水，解决了旱季饮水难问题。白居易此时也加快收集六井水，并下达了增添新井、增辟水源等新举措。

白堤

井水收集好后,这位刺史大人又命人将这些井水用于制粥,向饥民大量捐献,使得饥民果腹难题得到了一定的缓解。

解决好旱灾问题,白居易又未雨绸缪,思考如何应对未来的钱塘湖灾荒。白居易对手下说:"钱塘湖之石涵桥闸与各小笕(管道),在非浇田时将其封堵,要常派人巡查,以防盗泄湖水。每遇湖水暴涨时,常于旧堤坝缺口处泄洪。若水不减,石涵桥闸与各小笕即可派上用场,泄洪水,防溃堤。"

长庆四年(824),白居易将其在西湖抗旱的举措编入其《钱塘湖石记》中,展现了其为民服务的责任心与善于钻研问题的进取心。

同年，白居易辞别杭州父老乡亲，北上洛阳。他在临别时写下《别州民》一诗，写出了杭州父老"壶浆满别席"的热情相待，写出了"唯留一湖水"的救灾业绩，写出了"那得泪潸然"的依依不舍。

唐代的自然灾害和人为灾害众多，轻者会致使民不聊生、饿殍遍野，造成社会危机，严重的灾害会让饥民揭竿而起，动摇封建统治。因此唐代各个皇帝都重视灾后的赈灾救济，生怕因灾生乱，因灾生变。

杭州地域广大，位置重要，其经济和政治地位十分突出。皇帝对杭州抗灾之事万分重视，在遭大灾的时候甚至亲自过问。因此，唐武宗和唐宣宗对白居易杭州抗旱之举十分了解，对白居易的诗词与文章更是佩服。白居易死后，唐宣宗和朝廷众臣甚至陷入了"一度思卿一怆然"的悲伤局面。

唐宣宗对唐王朝先前在救灾机构、人员配置、救灾资金和救灾物资等方面实施的重大举措进行了归纳，并将此作为圣旨，令各州县救灾时参考和效仿。

圣旨主要包括七个方面：第一是要求各地方建立好一整套包括地方报灾、御史检灾、因灾减免、遣使宣慰、兴修水利之制。第二是要求各州县被灾时可以种子赈灾，春播时以义仓粮种无息贷给农民，劝其耕植并允诺在秋收后偿还。第三是令各州县施行有偿赈贷之制。第四是令各州县被灾时，可据受灾程度，全部或部分免除当年的赋税徭役。第五是令各地方完善并维护"悲田坊"等救济机构，救济机构则由朝廷出资照顾年老无人奉养、残障无依、穷困潦倒的无着落人群。第六是令各州县维护好本地义仓制度。第七是令各州县每遇灾情时，可选良辰吉日举办大型祈祷减灾祭祀活动。

圣旨一制定好就立即受到朝中大臣的支持，并很快下达到杭州城。新任杭州刺史感激涕零，认真落实圣旨中的举措。

这一定程度上堵塞了杭州城豪强大户趁穷苦农民青黄不接之际放高利贷的渠道，减少了大批农民和商人的流亡，促进了农业和手工业的生产发展。

杭州富商　赈灾义举

"丁戊奇荒"乃清光绪初年北方五省发生的一场罕见特大灾害。从光绪二年到光绪五年（1876—1879），山西、河南、陕西等省的大旱持续了整整四年，连年的大旱继而引发蝗虫和瘟疫，并波及苏北、皖北等地，饿死者达一千万以上。

由于这次大旱最主要发生于 1877 年和 1878 年，而这两年的阴历干支纪年属丁丑、戊寅，所以人们称之为"丁戊奇荒"。又因此次旱情属山西、河南为重，所以又称"晋豫奇荒"或"晋豫大饥"。这个时候的晚清朝廷，国库已经空空如也，几次对外战争赔款更是雪上加霜。为了社会稳定，清廷只有卖官赈灾。

在"丁戊奇荒"事件中，曾国荃等人开展了"官赈"举动，为这次抗旱救灾提供了巨大保障。

与此同时，杭州富商胡雪岩等人的苏北"义赈"之举也发挥了巨大作用，在胡雪岩等人号召下，越来越多的南方爱国富商投入抗旱救灾的募捐活动，拯救了山西、河南、陕西、苏北等地几十万人的性命。

胡雪岩，本名胡光墉，字雪岩，安徽绩溪人。当时的绩溪县属于徽州府，13岁的胡光墉与许多同龄的徽州小孩一样，随亲戚老乡走出大山，外出"学乖"。徽州一带，"学乖"的意思就是学手艺、学会生存。

胡光墉来到杭州后，先后在杂粮行、金华火腿商行当过小伙计，后在杭州信和钱庄当学徒，因勤劳踏实，转为了钱庄的正式伙计。

道光二十八年（1848），胡雪岩结识了候补浙江盐大使王有龄，便悄悄地挪借钱庄银票，帮助经济窘迫的王有龄筹款补实官位。两年后，王有龄担任湖州知府一职，因接济他而丢了工作的胡雪岩，便来到湖州开办丝行。

王有龄死后，胡雪岩又很快获得了新任闽浙总督左宗棠的信任。左宗棠委派胡雪岩主持杭州城解围后的善后事宜，以及浙江全省的钱粮、军饷。胡雪岩的阜康钱庄由此大获其利，胡雪岩亦由此走上官商合作之路。同治三年（1864），清军攻取浙江后，大小将官将所掠之物不论多少，全数存在阜康钱庄。胡雪岩以此为资本，在各地设立商号，为左宗棠采办军火、药品和粮食等一应军需物品，同时兼营药材、丝茶，操纵江浙商业，一跃成为当时的"中国首富"。可见，这时的胡雪岩已经具备雄厚的资产。

虽然这些资产遭到很多政敌的质疑，但这些资产却为之后胡雪岩赈灾的成功实施，提供了经济条件。

在左宗棠任职期间，胡雪岩还管理着赈抚局事务。他设立粥厂、善堂、义塾，收殓了数十万具暴骸，修复名寺古刹，并向官绅大户劝捐，以解决战后财政困难。

胡雪岩因此名声大振，成为江南一带著名的"胡大善人"。这一善举显示出胡雪岩善良的一面。

同治十一年（1872），胡雪岩在杭州购置家产，同时，其阜康钱庄分店遍及大江南北，田地万亩，资金两千多万两。另外，由于辅助左宗棠有功，朝廷授其江西候补道，赐穿黄马褂，成为一个名副其实的"红顶商人"。

胡雪岩像

光绪二年（1876）起，"丁戊奇荒"蔓延至江苏北部。自这一年起，苏北的海州（今连云港）一带发生大范围旱灾和蝗灾，粮食绝收。

由于地缘关系，流民们扶老携幼，流浪到金陵（今南京）、常州、苏州和上海等地乞讨为生，露宿街头，拥堵道路，这引起了当时在上海的著名社会慈善人士李金镛和在杭州的胡雪岩的注意，于是，前往苏北赈灾的想法油然而生。

李金镛，江苏无锡人，也是杭州富商胡雪岩苏北赈灾的委托人。李金镛在上海经商期间，曾结识了胡雪岩及李鸿章之弟李鹤章等人。咸丰十年（1860），李金镛通过捐输买得一个候补同知官衔，效忠于淮军。

李金镛有感于流民长途跋涉，沿途乞讨，露宿街头，困顿不堪，易引起当地治安混乱，便萌发了携款赴灾区放赈的想法。然而跨境赈灾，毕竟道途艰险，且需款甚巨，靠他一个人的财力物力很是有限，于是他找到胡雪岩、唐廷枢等人协商解决办法。李金镛与胡雪岩、唐廷枢等人都一致认为，赴苏北灾区赈灾很有必要，全权委托李金镛，带队亲往灾区。

在李金镛赴灾区前，胡雪岩为了知晓苏北赈灾政策和受灾情况，特意咨询了苏北一名老县令，胡雪岩问："大人，苏北灾荒发生之时，官府何以上报灾情？可否详细讲解之？"

那名老县令答："大清早已形成了一整套体系完备的救荒之制，对报灾、勘灾、救灾等事务皆作出严明之规定。限于各地方车马驿站不足之缺陷，朝廷很难及时通晓地方之灾情，因而将报灾视为地方官之大责。苏北发生灾荒之时，吾等县官必须尽快写好灾情文书，以驿站专员将此及时上报府中，府中又以专员快马加鞭上报京师。以此法层层汇总，上达朝廷，请皇帝批示。若在本县区域内发生灾情，一旦逾期不报，或懈怠延误，吾等县官将受大清朝廷严厉责罚。其实《大清律》早已明文规定：逾期一月未报者，从总督巡抚直至州县之各级官员皆要罚俸银；逾期一个月将贬谪一级；迟缓延宕并致使灾情加重者将立即革职。对于《大清律》，吾等县官唯命是从，哪敢触犯？"

胡雪岩接着问道："鄙人曾听闻大人您曾经绘制苏北被灾地图？真有此事乎？若有此事，鄙人愿闻其详，以便捐助善款。"

那位老县官答："真有此事。吾等县官除了上报灾情外，还须在限定时辰内周详地勘查受灾区之状况，以此作为实施救济之依据。在勘灾中，苏北受灾各府县需预先刊刻受灾表，开列受灾民众之姓名、家口、住址、被灾田亩数量等细则。该表先由灾户自行填报，经吾等县官核实后，按行政划分装订成册，作为底本。查灾官员赴庄查灾时以此为蓝本，核查受灾情况。之后下面查灾官员将底册上缴县衙，由吾等县官造分册，绘出本地受灾地图，再上交府中造总册。"

胡雪岩说："谢大人，若有人在江苏至京师架设电报，则江苏省各府县之官员无须如此劳累即可将受灾状况如期传达。"那位老县官听后大笑，似乎对此表示赞许。

胡雪岩知晓受灾核查之法后，又从老县令那里打听好受灾总册中苏北重灾区域分布之形势，并将此消息全盘告知李金镛，让李金镛将他们之前所筹善款立即带到苏北灾区进行重点捐助，以求尽快帮助饥民。李金镛对此表示同意，立即前往苏北重灾区进行义捐。

胡雪岩回到杭州府邸后，其仆人问："大人，'丁戊奇荒'波及苏北，朝廷可有赈灾良策？"

胡雪岩道："光绪三年，朝廷在各省设捐输局，按捐输数量的多少，分别给捐输者不同的官衔和官职，共出售了虚衔、实职官帽两千多顶。有自愿购买的，有强行摊派的，也有威逼利诱不得不买的，不管怎样说，北方灾区用此法集捐赈银多达四五百万两以上。此外，在这次赈灾中还出现了外国传教士的所谓'洋赈'。这是外国传教士第一次在大清有组织、有计划地从事救灾活动。"

胡雪岩仆人又问："可是大人，朝廷这么多举措，为何灾情仍未迅速转好？"

胡雪岩道："虽然大清制定有完备的抗灾赈灾制度，但遇有连年水灾或特大干旱，再完备之政策亦显得苍白无力。在'丁戊奇荒'中，灾害连年，内忧外患，国库空虚，朝廷无力赈灾，陕西、山西、河南甚至苏北很多县十室九空。受灾之县民，半化为盗，城外十里，皆是贼巢，老幼饥民卧于田野道旁，掘草根、剥树皮而食。即使是光绪皇帝也没有任何办法。此时，吾等富人团体不能不管不顾饥民之死活，因而吾先前竭尽全力以微薄之财来救苏北等地灾民，愿此举有助于灾民渡过难关。"

在光绪年间的这次苏北赈灾过程中，胡雪岩、李金镛等人发挥了巨大的作用。此时的胡雪岩不仅仅是一个人，还是杭州一个善良富人团体的代表。

这一团体通过号召更多的富商进行义捐活动，对重点区域施行重点捐助，这些义捐活动与官赈举措相互配合，从而使得饥民得到了及时的救治，苏北灾荒问题最终得以解决。

《清史列传》卷七十七本传记载：

> 光绪二年，淮安、徐州饥，金镛首倡义举，与浙绅胡光墉等筹十余万金，前往灾区散放，并绘图遍告同知，所济者博。

若将李金镛称作是此次苏北赈灾付诸实践的负责人，那么杭州富商胡雪岩则是此次义赈中的投资方，在10万多两的赈灾款中，胡雪岩就占了7万多两。

苏北地区受灾百姓收到胡雪岩委托人李金镛带来的赈灾款后，立即用这些善款购买粮食和衣物，以解燃眉之急。

然而，一开始很多人并不知道这背后大多是胡雪岩的善举，纷纷以为这是李金镛的善举，向李金镛跪谢，李金镛连忙摆摆手谢绝。

后来，有人通过打听，才得知这些善款大多来自胡雪岩本人。苏北百姓们此时心里十分感激，有的人甚至想着有朝一日能报答胡雪岩的恩惠。

苏北一饥民收到胡雪岩的救济款后，摆脱了多年以来的果腹之难。于是，他向周边人谈论道："雪岩乃吾等灾民之救命恩人，若无雪岩大人之救济，仅凭官府分发粮食，吾等早已饿死。如有机会，愿尽犬马之劳，效忠胡大人。"

另一位张姓饥民听闻，表示赞同，对曰："吾等饥民平日生活困苦，一旦遇到灾异，甚至沦落为乞丐。此次大灾当头，苏北等地饥民甚多，饿死者亦众，甚至出现人相食之惨状。遇此情形，官府一家固然难以赈济。"

那位张姓饥民休息片刻，续曰："此时急需要民间善人伸出援手。谢天谢地，以胡雪岩为首之民间富商，施舍吾等善款，使得吾等饥民得以果腹，得以生存，此乃真仁义也。"

苏北地区一县令听说胡雪岩之善举，直言："诚然，救灾乃全民之大事，但大多时候仅凭官府一家赈济，赈灾进程缓慢，恢复缓慢，百姓大多有怨言。此次胡雪岩等富商替吾等官员分担了赈灾救济之苦，使得广大饥民很快得以安置，县城中秩序亦因而得以恢复，实乃大善人也。"

胡雪岩此次救灾行动不仅受到民众的爱戴，也受到了官府的赞赏，即使是清朝重臣左宗棠本人，也多次在皇帝面前赞扬胡雪岩的善行。

光绪四年（1878），胡雪岩在杭州的"胡庆余堂"药号正式开张营业。胡庆余堂以其精湛的制药技艺和独特的人文价值，赢得了"江南药王"之美誉。民间百姓皆夸赞胡雪岩的药号能与京城同仁堂相媲美。

当然，胡庆余堂之所以名扬全国，与胡雪岩苏北赈灾的义举也有一定关系。胡雪岩苏北赈灾背后的善举众人皆知，因而其药号亦随其名声很快流传开来。

光绪六年（1880），因胡雪岩受到吏部降级处分，左宗棠上奏为其求情，将其苏北赈灾情况报告给皇帝。

奏折称："光绪二年，盐城、海州等县遭受旱灾，县城内壮丁流失，老弱病残坐以待毙。仅胡光墉一人就捐助了小麦八千余石、棉衣四千余件，其劝捐银达一万一千余两，使得灾民最终渡过难关。"清廷遂对胡雪岩网开一面。

光绪九年（1883）十一月，都察院左都御史延煦奏称："胡雪岩之阜康银号危害不止一方，其所吞没官款、私款达到数百万，臣建议将胡雪岩革职，交予刑部，勒令其尽快交出所吞公私银两。"于是，清廷在这一年下谕旨令左宗棠将胡雪岩革职抄家，押入大牢。

光绪十年（1884），清廷再次下令追加清理杭州胡雪岩的剩余财产，左宗棠只能照办。同年，光绪帝下令：追回胡雪岩于光绪三年及光绪四年西征期间因筹借洋款而"私吞"的公款十万六千七百八十四两白银，限期归还。胡雪岩在大牢得知此事后，两眼通红，一夜未眠。

光绪帝要追查胡雪岩于西征期间十万两白银的谕旨传入左宗棠手中后，左宗棠感到十分疑惑不解，大喊冤枉。于是他立即上书朝廷，对胡雪岩"私吞"一事十万两白银作出解释。最后，胡雪岩再次被网开一面。

光绪十一年（1885），左宗棠病逝，有"胡大善人"之誉的"红顶商人"胡雪岩亦在贫病交加中孤独地死去。在"丁戊奇荒"期间参与苏北赈灾的唐廷枢死后却有多种光环加身，与胡雪岩的命运截然不同。

但杭州百姓却一直流传着在杭州成长起来的富商胡雪岩的义举，他在苏北赈灾的精神和办法，也流传后世，影响深远。

直到今天，人们依然称赞其义无反顾为杭州广大灾民奉献的赤子之情。

善心为本，也是所有杭州赈灾政策中的精华所在。

参考文献

1. 《史记》，中华书局，1982年。
2. 《后汉书》，中华书局，1975年。
3. 《三国志》，中华书局，1975年。
4. 《陈书》，中华书局，1972年。
5. 《魏书》，中华书局，1974年。
6. 《宋史》，中华书局，1977年。
7. 《元史》，中华书局，1976年。
8. 《明史》，中华书局，1974年。
9. 〔宋〕王溥：《五代会要》，上海古籍出版社，2006年。
10. 〔宋〕周淙：《乾道临安志》，光绪四年重刊本。
11. 〔宋〕庞安时：《伤寒总病论》，邹德琛、刘华生点校，人民卫生出版社，1989年。
12. 〔宋〕李昉等编：《太平广记》，中华书局，1986年。
13. 〔宋〕施谔纂修：《淳祐临安志》，《武林掌故丛编》本。
14. 〔宋〕周密：《齐东野语》，齐鲁书社，2007年。
15. 〔元〕马端临：《文献通考》，中华书局，1986年。
16. 〔明〕陈邦瞻：《宋史纪事本末》，中华书局，1977年。
17. 〔清〕徐松辑：《宋会要辑稿》，中华书局，1957年。
18. 上海古籍出版社编：《宋元笔记小说大观》，上海古籍出版社,2001年。

19.《明实录》,据北平图书馆红格抄本微卷影印。

20.《清实录》,中华书局,1987年。

21.《宋大诏令集》,中华书局,2009年。

22.《苏辙集》,陈宏天、高秀芳点校,中华书局,1990年。

23.《苏轼文集》,孔凡礼点校,中华书局,1986年。

24.〔清〕汪文炳修,〔清〕蒋敬时、何镕纂;杭州市富阳区地方志编纂委员会整理:《光绪富阳县志》,国家图书馆出版社,2016年。

25.《延煦奏为阜康主商道员胡光墉盗弄利权请革职拿问事折》,中国第一历史档案馆藏,军机处录副奏片,03/9528/036 。

26.中国第一历史档案馆编:《光绪朝上谕档》第10册,广西师范大学出版社,1996年。

27.杭州市档案局(馆)编:《杭州重大自然灾害录(1800—2005)》,杭州出版社,2009年。

28.〔清〕陈璚等修:《民国杭州府志》,民国十一年(1922)铅印本。

29.陈桥驿编:《浙江灾异简志》,浙江人民出版社,1991年。

30.陈高佣等编:《中国历代天灾人祸表》,上海书店,1986年。

31.北京天文台主编:《中国古代天象记录总集》,江苏科学技术出版社,1988年。

32.邓云特:《中国救荒史》,商务印书馆,2017年。

33.高文学等主编:《中国自然灾害史(总论)》,地震出版社,1997年。

34.郭沫若:《中国古代社会研究》,商务印书馆,2011年。

35.顾功叙:《中国地震目录》(公元前1831年—公元1969年),科学出版社,1983年。

36. 曾业松、胡士华：《钱塘江治理与社会发展》，中共中央党校出版社，2004年。

37. 国家防汛抗旱指挥部办公室、水利部南京水文资源研究所编著：《中国水旱灾害》，中国水利水电出版社，1997年。

38. 李向军：《清代荒政研究》，中国农业出版社，1995年。

39. 宋正海总主编：《中国古代重大自然灾害和异常年表总集》，广东教育出版社，1992年。

40. 张剑光：《三千年疫情》，江西高校出版社，1998年。

41. 张建民、宋俭：《灾害历史学》，湖南人民出版社，1998年。

42. 张王远主编：《中国历史气候变化》，山东科学技术出版社，1996年。

43. 中国社会科学院历史研究所资料编纂组编：《中国历代自然灾害及历代盛世农业政策资料》，农业出版社，1988年。

44. 官德祥：《两汉时期蝗灾述论》，《中国农史》2001年第3期。

45. 林正秋：《杭州古代地震史述》，《杭州科技》2009年第2期。

46. 林正秋：《五代吴越国时期的杭州火灾》，《浙江消防》1994年第2期。

47. 苏力：《元代杭州的火灾及其社会应对》，《学习与探索》2014年第7期。

48. 周晓音：《论苏轼在杭州时期的文化性格》，《浙江师范大学学报（社会科学版）》2010年第4期。

49. 鲁攀力、王欣、姚巧娟等：《古代杭州城市洪旱适应性研究》，《中国城市林业》2019年第3期。

50. 高峰、王金伟：《苏轼与西湖》，《江苏社会科学》2016年第4期。

51. 张娜、刘浩、崔巍：《中国古代气象灾害防御制度研究》,《第三届气象科技史研究学术研讨会论文集》,2017年。

52. 刘晗:《苏轼与水》,《华北水利水电大学学报(社会科学版)》2016年第2期。

53. 黄元龙:《苏轼的救灾思想和实践》,《中国减灾》2007年第2期。

54. 勿余:《苏轼的治水之才》,《中国减灾》2009年第7期。

55. 孙卓、任杰:《苏轼的防洪抗旱救灾思想与实践述论》,《中国防汛抗旱》2021年第3期。

56. 张娓:《宋代瘟疫的流行与防治——专访中国科学院自然科学史研究所研究员韩毅》,中国社会科学网,2020年3月17日。

57. 竺可桢:《中国近五千年来气候变迁的初步研究》,《中国科学》1973年第2期。

58. 容金高、范晓红、李民:《春季连阴雨对蚕桑生产的影响与对策》,《中国蚕业》2004年第4期。

59. 张全明:《南宋时期疫灾的时空分布及其特点》,《浙江学刊》2011年第2期。

(衷心感谢赵惠芳、刘浩、严俊、杜舜华对本书写作的帮助。)

丛书编辑部

艾晓静　包可汗　安蓉泉　李方存　杨海燕
肖华燕　吴云倩　何晓原　余潇艨　张美虎
陈　波　陈炯磊　尚佐文　周小忠　胡征宇
姜青青　钱登科　郭泰鸿　陶文杰　潘韶京
（按姓氏笔画排序）

特别鸣谢

顾志兴　杜正贤　楼毅生（系列专家组）
魏皓奔　赵一新　孙玉卿（综合专家组）
夏　烈　王连生（文艺评论家审读组）

图片作者

孙小明　陈正洪　金　毅　郑从礼　徐　晖
韩　盛
（按姓氏笔画排序）